INVISTA EM IMÓVEIS COM POUCO DINHEIRO

Copyright © 2023 por Gabriel Porto

Todos os direitos desta publicação reservados à Maquinaria Sankto Editora e Distribuidora LTDA. Este livro segue o Novo Acordo Ortográfico de 1990.

É vedada a reprodução total ou parcial desta obra sem a prévia autorização, salvo como referência de pesquisa ou citação acompanhada da respectiva indicação. A violação dos direitos autorais é crime estabelecido na Lei n.9.610/98 e punido pelo artigo 194 do Código Penal.

Este texto é de responsabilidade das autoras e não reflete necessariamente a opinião da Maquinaria Sankto Editora e Distribuidora LTDA.

Diretor Executivo
Guther Faggion

Diretor de Operações
Jardel Nascimento

Diretor Financeiro
Nilson Roberto da Silva

Publisher
Renata Sturm

Edição
JS Editorial

Revisão
Gabriela Castro, Francine Torres

Estágio Editorial
Luana Sena

Direção de Arte
Rafael Bersi, Matheus da Costa

DADOS INTERNACIONAIS DE CATALOGAÇÃO NA PUBLICAÇÃO (CIP)
Angélica Ilacqua – CRB-8/7057

PORTO, Gabriel

Invista em imóveis com pouco dinheiro: e comece a construir um patrimônio milionário/ Gabriel Porto.
São Paulo: Maquinaria Sankto Editora e Distribuidora LTDA, 2023.
224 p.

ISBN 978-65-88370-94-0

1. Investimentos imobiliários 2. Investimentos 3. Fundos imobiliários 4. Finanças pessoais
I. Título

23-3758   CDD 332.6324

ÍNDICES PARA CATÁLOGO SISTEMÁTICO:
1. Investimentos imobiliários

Rua Pedro de Toledo, 129 - Sala 104 - Vila Clementino
São Paulo – SP, CEP: 04039-030
www.mqnr.com.br

GABRIEL PORTO

INVISTA EM IMÓVEIS COM POUCO DINHEIRO

E COMECE A CONSTRUIR UM PATRIMÔNIO MILIONÁRIO

mqnr

SUMÁRIO

7

INTRODUÇÃO
COMO ESTA JORNADA COMEÇOU

23

CAPÍTULO 1
O NASCIMENTO DOS FUNDOS IMOBILIÁRIOS

73

CAPÍTULO 2
COMO CUIDAR DOS SEUS FUNDOS IMOBILIÁRIOS

131

CAPÍTULO 3
COLOCANDO EM PRÁTICA

161

CAPÍTULO 4
CONSTRUINDO A CARTEIRA VENCEDORA

183

CAPÍTULO 5
CONTABILIDADE E DECLARAÇÃO DOS FIIS

203

CAPÍTULO 6
INVESTINDO NO EXTERIOR

213

CHEGAMOS AO FIM

INTRODUÇÃO

COMO ESTA JORNADA COMEÇOU

Não tenho tantas lembranças da infância, mas uma que me marcou foi quando ouvi de um amigo da escola a história sobre o avô dele. Era um homem considerado muito rico, e esse meu colega ganhava todos os presentes e brinquedos que pedia. Ele nunca ouvia um "não", ou "agora não dá para comprar", ou ainda "espere até o seu aniversário".

Na época, eu não entendia muito sobre dinheiro e só sabia básico: eu precisava ganhar, ele não era infinito e tudo custava um pouco dele. E por que algumas pessoas tinham tanto?

Descobri que o avô desse meu amigo era dono de muitos imóveis na cidade onde morávamos, a mais de 500 quilômetros de Salvador, na Bahia. Na minha cabeça, imediatamente se traçou a relação: quem tem muitos imóveis também tem muito dinheiro. Viver de receber aluguel dos outros leva a uma vida confortável, com muitas possibilidades e poucas limitações. Numa época na qual ninguém imaginava a possibilidade de trabalhar de casa, o avô do meu amigo ia para a praia no meio da semana. Esse era o maior sonho de um moleque que via os pais trabalhando todo dia. Isso ficou anos na minha cabeça e, até de forma inconsciente, foi um dos motivos que me direcionou para os investimentos de fundos imobiliários muitos anos depois.

Minha trajetória, como muitas outras, começa em casa, com a minha família. Eu nasci e fui criado em Vitória da Conquista, em 1997. Meu pai é baiano, e minha mãe, paulista. Ele é empresário, dono de uma distribuidora de produtos farmacêuticos. Ela é professora de inglês e português. Foi minha mãe que me incentivou e insistiu muito para que eu e meu irmão nos dedicássemos aos estudos; hoje eu reconheço a importância disso.

Sempre gostei de números, então eu me empenhava nas lições de matemática. Não que eu amasse ou tivesse facilidade com elas, mas eu tentava fazer até acertar. Anos depois, essa familiaridade com números me ajudaria a construir minha carreira como especialista, e eu perceberia que os conceitos que a gente aprende na escola são mais facilmente entendidos quando aplicados na prática — e são até legais.

Quando chegou a hora de cursar uma faculdade, optei por fazer Medicina e segui para o cursinho antes de prestar a prova do vestibular. Esse é um período que muita gente não gosta de lembrar, pensa que são anos jogados fora, já que adiam o sonho da faculdade, mas, para mim foi uma oportunidade. Nesse período, encontrei uma linha de estudos sobre os fundos imobiliários e me aprofundei no que viria a ser minha fonte de renda atual e minha segunda carreira — sim, enquanto escrevia este livro, eu estava prestes a me formar em Medicina.

Eu cito muito minha mãe na questão dos estudos, porque ela passava mais tempo com a gente. Meu pai não ficava tanto em casa, pois ele viajava bastante para fazer negócios. Mesmo de longe, ele contribuiu para minha ideia de uma casa estável financeiramente. Diferente da maioria dos lares brasileiros, na minha casa a gestão financeira era pensada, seguida e conversada. Por causa disso, tive infância e adolescência tranquilas — não cheia de regalias, como aquele amigo da escola, mas feliz e sem faltar nada. Meus pais foram pé no chão, não fizeram estripulias e preferiam os investimentos tradicionais da época, ou seja, dinheiro na poupança e compra de imóveis e terrenos — algo que eu questionaria mais tarde, quando passei a dominar melhor o assunto.

Diferentemente deles, sempre fui um daqueles perfis alternativos: quando todos iam numa direção, eu ia na contrária. Eu não tomava (e talvez não tome até hoje) as decisões óbvias. Acho que a vontade de investir no universo do mercado de ações e sonhar em fazer meu próprio dinheiro vieram um pouco dessa vontade de seguir um caminho disruptivo. Não tinha nada a ver comigo nem me encantava a ideia de estudar, me formar, trabalhar até poder parar (provavelmente bem mais velho) e pronto. Eu quis buscar uma vida diferente, em que pudesse fazer escolhas que não fossem limitadas pelo meu poder financeiro.

O PODER DO DIGITAL

Quando eu tinha 17 anos, meados de 2014, tive acesso a uma poupança que meus pais haviam aberto para mim. Não era um valor alto: mil reais. Entretanto, com aquela idade, saindo do Ensino Médio, sem nenhum compromisso ou conta para pagar, era um ótimo dinheiro. Imagine tudo que daria para comprar!

Porém eu não queria simplesmente gastar o dinheiro ou deixá-lo parado numa poupança. Com toda a bagagem e os conselhos que eu tinha recebido em casa, meu desejo era fazer aquele dinheiro crescer, se multiplicar. Eu sabia que isso era possível, mas não entendia exatamente como.

Fui para o YouTube, essa escola não oficial de tantos assuntos, mas que realmente me deu uma base sobre finanças. Procurei conteúdos também em blogs, fóruns e no Facebook — o Instagram não tinha o alcance que tem hoje, tampouco tantos produtores de conteúdo sobre o tema. Não foi de imediato que pensei em começar uma página para suprir essa falta, mas a ideia estava plantada no meu subconsciente e viria à tona depois.

Eu gostava muito dos vídeos do **Thiago Nigro** (o Primo Rico), da **Nathalia Arcuri** (do *Me Poupe!*) e do **Gustavo Cerbasi**. Pelo perfil mais arrojado e "agressivo", o Thiago era com quem eu mais me identificava. Ele falava da bolsa de valores, do retorno imediato. Era muito atraente – fascinante até — pensar que eu poderia ganhar dinheiro assim.

Vamos lembrar que eu era um adolescente, e nem sempre a gente tem muita noção de realidade nessa idade. No entanto, falo com convicção que quem está começando, independentemente da idade, pode sofrer com essa animação excessiva, não tomar os devidos cuidados e cair em algumas armadilhas. Eu não dei bola para renda fixa, reserva de emergência — conceitos que hoje sei que são importantes. Vamos voltar a eles mais para frente, para todo mundo entender o risco que é se jogar nos investimentos sem uma rede de proteção.

No começo dessa história toda, eu cometi muitos erros. E tudo bem, isso faz parte do processo. Para mim, felizmente, teve jeito de recuperar o que perdi e de aprender para não repetir as escorregadas. Se você for iniciante, ainda pode evitar esses erros. Se você já os cometeu, espero que não tenha sido uma situação traumática. Mexer com dinheiro é aprender a ter sangue de barata, porque perdas acontecem, mas é no longo prazo que o resultado conta. Quem perde hoje pode ganhar amanhã se souber o que está fazendo.

Apesar de não existir uma cartilha exata, um passo a passo para ganhar dinheiro ou fazer ele trabalhar por você, dá para traçar algumas estratégias e compartilhar ensinamentos que vão ajudar você na hora de tomar decisões. Esse é o objetivo deste livro. Não estudei, tentei, falhei e me recuperei para, no final, guardar tudo que aprendi só para mim; todo mundo pode e deve querer mais dinheiro, ter uma vida confortável, dar o melhor para os filhos ou se aposentar mais cedo. Parece improvável, eu sei, mas posso garantir que é possível.

Nos últimos anos, gerei e investi dinheiro suficiente para manter o estilo de vida que tenho hoje — confortável, mas sem luxos desnecessários —, o que me permite, caso queira, me aposentar em cinco anos. Não acho que vou parar, tem muita coisa que gosto de fazer, e meu trabalho me dá propósito. Até a publicação deste livro, por exemplo, ainda não tinha decidido o que fazer depois da faculdade de Medicina, mas não era algo que queria abandonar. Eu sou uma pessoa produtiva e criativa, não daria conta de parar de trabalhar tão cedo. Porém a ideia de poder parar se eu quiser é muito acolhedora, dá uma segurança inexplicável. É o tipo de sentimento que, infelizmente, apenas uma parcela mínima da população que, como eu, não nasceu rica acredita ser possível.

APRENDENDO COM OS ERROS

Até chegar aonde estou agora, passei por muitas fases diferentes. Primeiro, queria ser o cara que pegava os mil reais e multiplicava a quantia rapidamente. Busquei fundos e ações que estavam entregando mais dividendos, ignorei qualquer comprometimento de longo prazo. Encontrei alguns fóruns de discussão de uma galera que já investia e passava o dia todo discutindo possibilidades. Embarquei naquele jogo e observei o máximo que pude. Em um mês, estava aplicando uma parte do meu dinheiro em ações e outra nos fundos imobiliários — alguns desses, tenho até hoje.

Em 2018, me desfiz das ações. Eu me lembro da sensação de receber meu primeiro dividendo. Claro que, antes disso, eu enfrentara muitas desvalorizações. Caí numa cilada, que vamos abordar profundamente mais para frente, com um fundo de shopping que tinha o dividendo alto, mas uma cláusula chamada **Renda Mínima Garantida (RMG)**. Basicamente, significa que o fundo vai pagar um valor mínimo por um tempo, mesmo que ele não esteja tendo esse lucro todo; depois, passa a distribuir o lucro real. No caso do shopping, era um valor inferior. É mais ou menos assim: ele pagava 1 real por cota, depois virou 40 centavos. Quem sabia trabalhar com isso, saiu antes da RMG acabar. Outros, como eu, ficaram para ver o preço da cota despencar. Demorei para entender o que estava acontecendo, e aquilo se tornou um ponto importante na minha trajetória. Parei para refletir: "Não sei o que eu estou fazendo; não pode ser tão intuitivo lidar com dinheiro, com certeza é necessário ter um método e uma organização". Não era um valor alto, nem que me faria falta, porque eu ainda era novo e tinha o privilégio de morar com meus pais, ou seja, eu tinha assegurada por eles a maior parte das minhas despesas. Ainda assim, eu não queria ter aquela sensação novamente nem queria perder o meu dinheiro uma segunda vez. Minha ideia era construir patrimônio, não "queimar" o que eu tinha ganhado. Naquela época, olhei mais para a renda fixa, coloquei uma porcentagem nisso e fui estudar a **reserva de emergência**.

De 2014 a 2018, eu ainda não trabalhava, contando só com algumas quantias que meu pai me dava: 50, 100, às vezes 200 reais. Isso já me permitia juntar um pouquinho de dinheiro e a aprender a operar com ele. Em 2018, aquela sementinha da internet, de manter um perfil que preenchesse uma lacuna de conteúdo sobre fundos imobiliários, finalmente deu frutos, e comecei a trabalhar com isso. Até ali, meu pai sabia muito pouco o que eu estava fazendo. Na verdade, às vezes me questiono se ainda hoje ele sabe explicar exatamente com o que eu trabalho.

Piadas à parte, foi só quando apareci na internet que meus pais entraram um pouco para o meu mundo. Eu estava no cursinho naquela época, porém tirava um tempinho para estudar investimentos. Não era muito, mas era constante. Toda semana eu me dedicava um pouco. Foi nessa época, inclusive, que tive meu primeiro contato com outros investidores de bolsa. Até ali, eu não conhecia ninguém que fazia isso. Pode parecer estranho para quem já está nesse mundo — e até para você que está lendo esse livro porque tem um interesse por isso —, mas é muito baixa a porcentagem de brasileiros que conseguem poupar dinheiro (cerca de 73%) e menor ainda é a que consegue investir: a **Bolsa de Valores** de São Paulo (a B3) hoje tem mais de 6 milhões de investidores em pessoa física[1] — lembrando que somos aproximadamente 212 milhões

---

1. Fonte: https://valorinveste.globo.com/mercados/renda-variavel/bolsas-e-indices/noticia/2022/02/04/bolsa-atinge-42-milhoes-de-investidores-pessoas-fisicas-em-renda-variavel.ghtml.

de brasileiros, de acordo com o Instituto Brasileiro de Geografia e Estatística (IBGE).

Conhecer investidores foi um jeito que encontrei de romper a bolha da bolsa, que naquela época era ainda mais restrita do que é hoje. Agora, vejo mais gente se interessando, testando, separando um dinheiro para investir. E a conversa também esquentou na internet: tem muita gente falando sobre investimento, dando cursos, explicando conceitos que antes eram reservados a uma parcela bem pequena da população.

Voltando à história, era meu terceiro ano de cursinho, e eu estava exausto. Eu sabia que passaria no próximo vestibular de Medicina, naqueles que acontecem no meio do ano. Na prova anterior, por uma confusão, eu cheguei atrasado e não consegui entrar no local. Perdi mais seis meses. Estava frustrado e muito bravo, porque, sinceramente, àquela altura estudar mais seria a pior perspectiva possível. Eu estava esgotado, mas meus esforços deram frutos: quando consegui fazer a prova, passei direto. Entre o anúncio do resultado e o início das aulas, tinha uns três meses; sem nada para fazer, resolvi pegar pesado no estudo de investimentos e começar o canal. Não sou uma pessoa supersticiosa, mas acredito que esse tempo livre foi diferencial para mim e, se eu tivesse passado naquela outra prova, talvez hoje não saberia nada de fundos imobiliários além do que aprendi para poder multiplicar o meu patrimônio. Posso dizer, com quase 100% de certeza, que o canal, o curso e este livro não existiriam.

Com o tempo livre antes das aulas na faculdade, mergulhei fundo em tudo que era assunto de investimento e comecei a entender melhor marketing digital e empreendedorismo. Eu via nos grupos e fóruns de investidores algumas pessoas chegando com dúvidas muito simples, o básico mesmo: "Qual a melhor corretora ou como eu invisto em fundos imobiliários?"; "O dividendo cai direto na minha conta ou preciso fazer algo?".

Por que não respondê-las? Foi assim que nasceu o **Fundos Imobiliários** FIIS, ou **@gabrielportofiis**, por meio do qual a maioria das pessoas passou a me conhecer. Era um momento muito bom para fundos imobiliários, o tema estava aquecido e havia muitas oportunidades de investimento. Logo a nossa comunidade cresceu bastante: de outubro a janeiro, viramos 7 mil estudantes de fundos imobiliários; hoje, 4 anos depois, somamos mais de 400 mil interessados pelos FIIS. E esse número continua crescendo!

PARA TODOS

Nos últimos anos, muita coisa aconteceu. Eu criei um método para ensinar tudo que existe sobre o mercado de fundos imobiliários e disponibilizei um curso para quem quer aprender a investir nesse mercado. Neste livro, vou ensinar tudo isso a vocês. Em 2020, iniciei uma carteira pública, ou seja, comecei a mostrar publicamente no que eu estava investindo, em quais fundos e quanto ganhava — ou perdia; se eu estou negativo, eu mostro. Não tem por que tentar fingir outra coisa.

De nada adianta eu falar o dia todo se eu não aplicar o que ensino, se eu não estiver na linha de frente. E expor os altos e baixos é uma forma de mostrar que estou com os outros investidores e com quem me tem como referência. Meu dinheiro está em fundos imobiliários porque eu acredito neles, nessa forma de multiplicar a minha renda. Isso não significa que não haja altos e baixos; mas se eu mantenho meu dinheiro ali, é porque acredito nessa opção de investimento.

Meu grande objetivo com esse trabalho é compartilhar conhecimento. Ver que eu impacto a vida das pessoas com o que falo é muito gratificante e satisfatório. Eu quero mostrar para as pessoas que mesmo quem nunca teve um exemplo próximo de investimento pode chegar a algum lugar, desde que se dedique e estude. Quero derrubar o mito de que só quem já é rico pode investir na bolsa de valores. Renda variável é para quem quer construir algo, para quem busca maneiras de ganhar mais, mas dá para começar da forma que puder. Hoje, 10 reais já compram cotas de fundos imobiliários, e este tipo de renda passiva pode mudar a vida de uma pessoa e garantir que ela tenha um compromisso consigo mesma, com seus sonhos.

Uma vida financeira organizada vai impactar todos os outros aspectos e esferas. Ela é transformadora. Não deixe ninguém falar que é difícil ou inacessível. Eu consegui e vou mostrar para você como. Constância nos estudos e vontade de aprender são suficientes para quem quer iniciar essa trajetória.

FUNDOS IMOBILIÁRIOS X IMÓVEIS

Se você ainda não está convencido sobre as vantagens dos fundos imobiliários, vou ser bem direto e ressaltar as vantagens desses fundos sobre outros investimentos. Para começar — e já entregando o mais importante —, vou falar da **renda passiva**.

É um dinheiro que cai todos os meses na sua conta, sem nenhum esforço que não seja acompanhar mês a mês os seus investimentos. E é um investimento muito fácil de começar: a barreira de entrada é baixa e todos os serviços são gratuitos, não tem nenhuma taxa envolvida para corretagem (caso você faça sozinho). Ou seja, é simples e fácil. E um primeiro investimento já traz dinheiro de volta.

O fundo imobiliário, de certa forma, é algo próximo da cultura do brasileiro, já que, por muitos anos, comprar imóveis era sinônimo de investimento e estabilidade financeira no futuro. Muitas vezes, encontro quem prefere fazer um financiamento de um apartamento ou sala comercial, em vez de aprender a investir na bolsa. O argumento costuma ser: "Por que eu vou investir em algo que não vejo?". Eu gosto sempre de fazer comparações para responder a essa questão:

- **Investimento x retorno:** ter um imóvel exige entradas de valores altíssimo, parcelas variáveis e, em alguns momentos, marcos da compra e pagamentos de quantias elevadas. Já no fundo imobiliário, a pessoa recebe o que seria o equivalente a um aluguel já no mês seguinte. Ela não teve que esperar construir ou desembolsar grandes quantias para isso. Há também a questão de gerenciamento: administrar um imóvel para alugar não é fácil. Normalmente, as pessoas recorrem a corretoras ou se arriscam a fazer sozinhas, gerando outros tipos de problemas. Nos fundos, existem os gestores, pessoas capacitadas e especializadas que cuidam do seu investimento para você.

- **Liquidez:** a liquidez é outra vantagem que merece ser destacada. A compra ou venda de um apartamento não é rápida nem fácil. Pode demorar meses e até anos. Já os fundos são comercializados na mesma plataforma de compra, de forma on-line, e em transações que podem levar dias ou semanas.
- **Impostos:** imóveis geram muitos impostos, enquanto os dividendos de fundos imobiliários são isentos. Você só é cobrado pelo imposto de renda se vender uma cota e tiver lucro nessa operação, ou seja, não existe cobrança de imposto sob os seus dividendos se o interesse for apenas na renda passiva. Em relação ao imóvel, dificilmente você fica isento de imposto. Além disso, é importante contar com aqueles meses em que o imóvel pode ficar vago e você tem de arcar com condomínio e outras despesas ou, mesmo com o imóvel alugado, com qualquer reforma e reparo que seja necessário. Tudo isso deveria ser colocado na ponta do lápis ao comprar um imóvel como investimento, mas é raro que as pessoas tenham essa visão

de longo prazo e considerem os custos que podem se acumular ao longo do tempo.

O mundo mudou, e apenas investir em imóveis, como antigamente, pode ser uma decisão um pouco antiquada. Por que seguir essa opção se você pode ter uma variação maior, mais investimentos e maior renda com os fundos imobiliários?

Em relação a outros ativos da bolsa, como as ações, ressalto que os fundos imobiliários sofrem menos oscilação e, portanto, oferecem um risco menor. Eles são uma ótima porta de entrada para esse mundo e, se você tiver interesse, podem servir de base para você obter conhecimento e investir em ações no futuro. Eu até achei que esse seria o meu caminho, mas as coisas mudaram quando percebi a oportunidade que os fundos me proporcionavam. Os argumentos a favor dos fundos são muitos, e ainda teremos um bom tempo juntos para falar sobre cada um deles. Antes de tudo, porém, quero explicar exatamente como funcionam os fundos e dar algumas dicas básicas sobre economia, para você ter domínio sobre seu dinheiro e investimentos. Não se assuste, é mais fácil do que parece.

Espero que este livro não seja apenas informativo, mas também prazeroso de ler, despertando em você a vontade de estudar mais sobre o tema e de cumprir a meta de comprometimento para, em alguns meses, você ver dinheiro "pingando" na conta e seus bens se multiplicando.

RENDA PASSIVA PODE MUDAR A VIDA DE UMA PESSOA E GARANTIR QUE ELA TENHA UM COMPROMISSO CONSIGO MESMA, COM SEUS SONHOS.

CAPÍTULO 1

O NASCIMENTO DOS FUNDOS IMOBILIÁRIOS

Os fundos imobiliários foram legalmente criados no Brasil em 1993[2] e no ano seguinte passaram a ser regulamentados e fiscalizados pela **Comissão de Valores Mobiliários (CVM)**, responsável pela regulamentação e que é o marco inicial dessas negociações. Nesse mesmo ano entrou em vigor o Plano Real. A instituição desse pacote foi muito importante para a economia e, particularmente, para os fundos imobiliários, pois serviu para reduzir a inflação, afetando diretamente os rendimentos de fundos e as oscilações do mercado. Em 1996, os primeiros fundos imobiliários brasileiros começaram a ser planejados e em dezembro do mesmo ano foi lançado o primeiro de todos,

---

2. Fonte: https://www.investidor.gov.br/menu/Menu_Investidor/valores_mobiliarios/fundos_imobiliarios.html

o **Memorial Office**. Uma curiosidade: esse fundo de lajes corporativas existe até hoje, mas só tem um imóvel.

Como o próprio nome já diz, os fundos imobiliários são destinados aos vários segmentos existentes nesse mercado, desde as construções físicas de shoppings, lojas, prédios de escritórios e galpões, até terrenos chamados de **fundo de papel**, que são dívidas provenientes de imóveis. Por 12 anos, esse não foi um produto muito atraente para a maioria dos investidores, porque foi apenas em 2005 que o rendimento dos fundos deixou de ser tributado em situações específicas, como a negociação obrigatória pela bolsa ou em balcão (vou explicar esse termo em breve), a posse pelo cotista de menos do que 10% das cotas e o fundo com ao menos 50 cotistas — condições bem básicas e fáceis de alcançar para os fundos.[3] Em 2009, com o surgimento da B3 no formato que conhecemos — a bolsa existente desde 1890 unida a uma instituição de certificação financeira —, esses fundos passaram a se multiplicar.

Vamos mais devagar com essa história, para ficar bem claro o que é um fundo e a trajetória dele até chegar ao formato que conhecemos hoje. A cultura de fundos imobiliários é importada principalmente dos Estados Unidos, dos REITS criados nos anos 1960, mas que passaram a ganhar relevância nos anos 1970 e 1980. Muito do que temos aqui — a ideia, a

---

3. Fonte: https://tc.com.br/blog/fundos/tributacao-fiis.

legislação — é trazido de lá. Os REITS são muito diferentes dos nossos fundos de hoje, mas serviram de inspiração para o investimento diretamente em imóveis. Eles se assemelham mais ao que a gente conhece como ações, porque têm, assim como o mercado americano como um todo, uma abrangência muito grande — hoje, eles são trilionários. Qualquer imóvel que você imagine tem um REIT. Dá para investir em antena de TV ou de 5G, por exemplo, e até em imóveis residenciais, algo que ainda está engatinhando no Brasil, mas é uma tendência.

Só que, quando os REITS chegaram aqui, eles foram abrasileirados, aproveitando um pouco aquela tradição brasileira de comprar imóveis como um bem. O que aconteceu é que, em vez de investir em um único imóvel ou em imóveis pequenos e privados, tornou-se uma possibilidade investir em imóveis de alto padrão, comerciais e de grandes valores, sempre aliado a outros investidores. Você provavelmente não poderia apenas comprar um galpão logístico inteiro e alugar para uma empresa gigante usar de centro de distribuição, como a Magazine Luiza, mas agora você pode ter uma parcela disso, um pedaço ou uma cota, o que já rende um valor bom e diversifica seus investimentos.

Na prática, de 1993 a 2015, aproximadamente, o mais comum era fazer as compras de balcão. O que é isso? É a venda *in loco*, sem a bolsa. Um consumidor ia ao shopping, por exemplo, e lá encontrava um estande de vendas de cotas daquele imóvel. Não era uma alternativa difundida, porque era um processo mais demorado e de difícil acesso. Imagine visitar um shopping para comprar um presente, mas acabar sentando num estande e ouvir alguém explicar tudo de fundo imobiliário para, então, assinar um papel comprando uma cota. Para nós, hoje, parece no mínimo pouco confiável essa atitude, mas era assim que os fundos eram encontrados na maior parte das vezes. As cotas eram bem altas, porque não havia tantas divisões. Para fazer parte de um fundo, uma pessoa precisaria desembolsar valores altos, de até 5 mil reais. E a venda ficava reduzida a quem morava próximo, já que a conclusão dos negócios só acontecia pessoalmente.

Por esse motivo, os fundos não eram muitos: havia poucas opções, eram pequenos e, muitas vezes, tinham um único ativo. Em 2002, foi lançado o primeiro fundo imobiliário na bolsa. O **Europar**, que existe até hoje, era considerado muito inovador para a época: não era **mono--mono**, ou seja, um único ativo e um único inquilino, que eram os tipos mais comuns até então; ele tinha vários empreendimentos para muitos inquilinos e mesclava imóveis de São Paulo e Rio de Janeiro.

A grande virada veio em 2015, quando a **taxa Selic** começou a cair consideravelmente após uma alta histórica — você vai entender melhor o que isso quer dizer no próximo capítulo —, e o mercado reconheceu os fundos como uma alternativa rentável, que proporcionava a tão sonhada renda passiva. A indústria de fundos se beneficiou muito com esse cenário, pois cresceu e passou a ter um patrimônio bilionário. Com o tempo, também foram instituídas regulamentações mais rígidas, ou seja, os órgãos responsáveis pelo controle dos fundos imobiliários foram ajustando o funcionamento deles, para que se tornassem mais padronizados e seguros. Em 2018, esse movimento foi se consolidando. Os dados apontam para um crescimento expressivo do número de investidores em fundos imobiliários: algo de 100 mil para 1,5 milhão em quatro anos.[4] Ainda assim, acredito que há muito para crescer ainda. Em comparação às ações, os fundos são bem novos, já que ações são investimentos possíveis desde o século 19.

Com a pandemia, o mercado de fundos imobiliários desacelerou, claro. Espaços como shoppings e prédios comerciais foram muito afetados. Contudo, a projeção para 2022 era alcançar perto dos 2 milhões de investidores nessa área; hoje, vemos de 20 a 30 mil novos investidores no mercado por mês. Além disso, em dezembro de 2017, existiam apenas 156 fundos imobiliários negociados em bolsa. Hoje, são mais de 400 — e ainda existem os negociados em balcão, acredita? Em 2016, eram negociados cerca de 29 milhões de reais por dia em fundos. Hoje, esse número é 285 milhões de reais.[5] O mercado passou a negociar valores cada vez mais altos. Esses números não são pequenos, mas

---

4. Fonte: https://www.infomoney.com.br/patrocinados/gestao-investimentos-alternativos/numero-de-investidores-dos-fundos-imobiliarios-cresce-10-vezes-mais-nos-ultimos-anos/.
5. Fonte: Artigo - Estratégia de aplicação em fundos imobiliários como diversificação de investimentos: uma análise do desempenho recente e seus fatores de influência, de Fernando Amato, USP.

poderiam ser maiores. O entrave para esse número, eu acredito, é o pouco conhecimento que as pessoas têm da área. E é isso que tenho tentado mudar com este livro, os conteúdos que produzo gratuitamente e meus cursos.

Eu gosto de ressaltar que toda essa história é muito recente – afinal, estamos falando de pouco menos de 30 anos. Ainda assim, a evolução dos FIIs nesse período foi muito rápida até alcançar a forma que conhecemos hoje. Essa é uma boa perspectiva, porque aponta que essa opção ainda pode mudar e crescer a partir daqui. Os fundos têm muitos caminhos para abrir e infinitas possibilidades, ainda mais num país como o Brasil, em que é previsto um crescimento populacional e, consequentemente, crescimento do mercado imobiliário de todas as formas.

O IMPACTO DA PANDEMIA

A queda citada nos últimos anos é obviamente justificada, pois a pandemia não era uma situação esperada, logo não havia como se prevenir apropriadamente. No entanto, também é preciso destacar outros erros cometidos pelo mercado. Em 2019, os fundos imobiliários estavam no auge. Eram investimentos populares, com retorno garantido e certa estabilidade. Porém muita gente entrou nessa seara sem entender direito, ou melhor, entrou com o que eu chamo de *entrar com a cabeça de ação*. O que isso quer dizer? Significa levar os critérios das ações para os fundos, algo incompatível. Os fundos não tem a flutuação do dia a dia, não tem rendimento altíssimo e repentino. No fundo imobiliário, tudo bem ter um resultado negativo, porque você segue recebendo os dividendos; só precisa se preocupar com quanto tempo isso vai durar, como vai ser o impacto por mais meses. No caso das ações, o lucro gerado pelas empresas é reinvestido nelas, para o crescimento. Essa é a prioridade da empresa, afinal. Portanto, uma parte pequena é distribuída em dividendos. Os fundos imobiliários distribuem um valor muito maior — pelo menos 95% do lucro semestral é direcionado para os cotistas. Para um fundo crescer, ele precisa de outras atitudes, como a emissão de cotas e a subscrição, sobre as quais falaremos mais no capítulo 3.

No início da pandemia, setores específicos foram impactados. Os shoppings ficaram fechados e deixaram de gerar receita e, consequentemente, renda para os cotistas. **Lajes corporativas**, que compõem os Fundos de Tijolos (imóveis mais amplos que necessitam de grande manutenção e geralmente abrigam grandes empresas), também foram desocupadas. Muitas empresas devolveram andares ou até prédios inteiros, deixaram de renovar contratos após a guinada para o trabalho remoto. O aumento da **vacância** dos imóveis impactou diretamente os resultados desses setores. Por outro lado, galpões logísticos ganharam mais relevância, porque os *e-commerces* precisaram de espaço para expandir suas operações. O varejo urbano passou por algo semelhante, especialmente no caso de imóveis alugados para supermercados, já que era um serviço essencial e o funcionamento não foi interrompido. Outra coisa precisa ser destacada aqui: as pessoas não tinham reserva de emergência, e ficou óbvio nessa hora a importância de ter essa rede de proteção.

ANTES DE AVANÇAR, TENHA EM MENTE

Acho importante estabelecer esse panorama para que você entenda como o mercado está estruturado hoje. A todos os dados já explicados, somo mais alguns. No Brasil, os maiores interessados em fundos imobiliários têm entre 25 e 34 anos. Acredito que seja porque essa geração já se desapegou um pouco da ideia de querer ter um imóvel, de ver a construção física para sentir que é sua. Eles sabem que o rendimento virá de forma mais fácil com o fundo. E para quem se prende muito a isso, é importante falar que, em alguns fundos, olhando para os relatórios ou buscando em sites específicos, dá para saber quais imóveis o compõem. Dependendo da cidade em que você morar, dá até para visitar. São Paulo, por exemplo, concentra os prédios comerciais e as lajes corporativas. O que importa, no final, não é a construção em si, mas o seu objetivo com aquele fundo.

Esta é a primeira pergunta que você deve se fazer antes de traçar qualquer estratégia que seja: o que eu desejo alcançar investindo nesse fundo imobiliário? Para mim, por exemplo, a meta é aumentar a minha renda, ter um estilo de vida confortável e garantir um futuro mais tranquilo, em que eu possa me aposentar ou ainda ser seletivo com trabalhos e tarefas que desejo assumir. Há muitos outros motivos que podem encantar as pessoas, como um complemento de renda ou um investimento para juntar dinheiro antes de abrir um negócio ou fazer uma reforma em casa. Dá ainda para ser um plano a longo prazo, como uma aposentadoria. Esse "aluguel" vai cair na sua conta todo mês, e você tem a opção de sacar e usar ou pode reinvestir para aumentar seu patrimônio.

PERFIS DOS INVESTIDORES

- **Conservador:** Considero o perfil conservador aquele que nunca investiu em bolsa de valores e que possui a mentalidade mais atrelada à poupança e ao investimento em renda fixa, ou seja, busca previsibilidade e não quer lidar com qualquer flutuação do seu investimento, mesmo que pequena. Por isso, em fundos imobiliários, apostará em fundos de tijolos, principalmente que possuem contratos de longo prazo.

- **Moderado:** É o meio termo, ele possui a maioria da sua carteira alocada em fundos de tijolos, mas abre cerca de 30 a 40% dela para opções um pouco mais arriscadas e voláteis.

- **Arriscado:** É aquele que quer altos dividendos, não importam os riscos e a volatilidade que possam afetar seu patrimônio.

Por isso, digo que os fundos não são limitados a um público. Há tantas possibilidades dentro desse universo que dá para alguém com perfil conservador investir, assim como alguém com perfil arrojado. Há pessoas que não têm paciência de estudar e entender e aqueles que só se arriscam depois de dominar o assunto, e, na minha opinião, o mercado de fundos imobiliários é para todas elas. Por quê? Porque, para ser sincero, chega a ser monótono investir em fundos imobiliários às vezes. Não é um mercado que varia muito; tem flutuações, é claro, mas elas não acontecem tão rapidamente, nem são tão definitivas. Por exemplo, se a CVM toma uma decisão a respeito de um fundo, algo que limite suas ações ou que discorde de alguma atitude, é possível que o mercado abra em queda no dia seguinte, mas logo é estabilizado — um processo muito diferente das ações. O trabalho maior acontece no início, quando é preciso entender melhor o mercado, saber como investir na prática. Dali em diante, é só renda na conta.

É por isso que eu costumo ter um posicionamento que alguns discordam: sou o protagonista de meus investimentos. O que isso quer dizer? Quer dizer que mesmo que você não seja entusiasmado para estudar o tema, precisa dominar o básico para tomar decisões e não as deixar para outras pessoas. Vejo muita gente contratando consultores ou até aceitando os gratuitos oferecidos pelas corretoras e acho que esse serviço é interessante para quem está na categoria *prime*, ou seja, que tem milhões para investir e precisa de acompanhamento. Entretanto, para o restante das pessoas, o que corresponde a 98% dos investidores, eu recomendo entender o mercado para fazer as próprias escolhas, as que considerar mais inteligente. Isso porque investimento é algo muito pessoal; cada um tem objetivos, metas, quantias para investir, destino que dará para os dividendos... Então é difícil deixar outra pessoa decidir o rumo dos seus investimentos.

Dou um exemplo: tem fundos que custam 10 reais e outros que custam 300 a cota. O valor maior não garante uma cota superior, mais rentável. O valor da cota, neste caso, é uma estratégia do gestor para aumentar a liquidez: ele reduz o valor da cota e aumenta o número de investidores. Mas só quem estuda o mercado consegue entender isso e fazer a melhor escolha.

Outra informação fundamental que vai mudar tudo na sua rotina de investimentos é que, hoje, corretoras de fundos imobiliários que cobram pelo seu serviço são inadmissíveis. Muitas oferecem esse espaço de compra e venda de forma gratuita, então não faz nenhum sentido pagar por isso.

Também é fundamental acertar expectativas. Os fundos imobiliários têm desdobramentos diferentes das ações, ou seja, você não vai comprar uma ação da Magazine Luiza que vai se multiplicar e virar uma gigante do setor, valorizando em 1000% seu investimento em um ano. *O fundo imobiliário é um gerador de renda, serve para construir patrimônio no longo prazo.* Voltando ao exemplo da aposentadoria, por exemplo, se alguém quiser chegar ao teto da previdência pública, que é cerca de 7 mil reais, a pessoa precisa ter investidos entre 700 mil e 1 milhão. Aí você vai pensar: "300 mil reais é uma diferença muito grande". Sim, é aí que mora a habilidade de montar a sua carteira e os diferentes critérios de cada um. Por isso eu digo que carteira é algo pessoal.

Gabriel, 1 milhão está muito distante da minha realidade, os fundos imobiliários são para mim? Ao longo deste livro você vai entender como e por que esse é um número possível, que não é somente para ricos, mas quero tranquilizar você desde já. Os FIIs são um ótimo plano de aposentadoria e independência no longo prazo, mas eles também podem significar uma renda imediata. No meu caso, por não precisar, sempre reapliquei meus dividendos comprando mais fundos, entretanto, você pode colher os frutos dele e usar os investimentos no orçamento mensal. Não são poucos os alunos meus que relatam que começaram recebendo entre 50,00 e 100,00 — valor que usavam para pagar a conta da internet, da TV — e aos poucos, quanto mais aplicavam, mais rendimentos tinham, ao ponto de conseguirem pagar o aluguel e até mesmo receber o salário em dividendos.

O ARGUMENTO QUE VAI CONVENCER VOCÊ

A base de um fundo imobiliário nada mais é do que uma comunhão de pessoas com o intuito de investir em imóveis. Essas pessoas compram pequenas participações do fundo, que é gerido e administrado por profissionais da área. Em uma ponta, os investidores; no meio, o gestor e o administrador; na outra ponta, os imóveis ou os ativos do fundo imobiliário. A receita gerada paga as despesas, e o restante é lucro dividido entre investidores. Essa renda gerada é passiva, ou seja, você não precisa fazer mais nada depois de investir, apenas acompanhar o desenvolvimento da sua carteira. Mensalmente o valor cai direto na sua conta. Tem ainda a facilidade da baixíssima barreira de entrada, como eu já disse: dá para investir com 10 reais, e os serviços são gratuitos, não tem nenhum tipo de taxa. Quando bem informado, você ainda dá conta de fazer o processo sozinho, sem a necessidade de uma carteira recomendada, mas eu vou esperar para abordar essa polêmica depois.

Eu gosto de fazer comparativos. Vamos colocar de um lado os FIIS e de outro os imóveis, com as vantagens e desvantagens de cada um. Para o brasileiro, o imóvel é uma tradição e um sonho. Comprar a casa própria é um objetivo de muitos, mas exige décadas de dedicação para o cidadão de média renda. Para além desse hábito, o imóvel se tornou a representação de um bem. É um traço bem brasileiro comprar um apartamento ou uma sala comercial para depois alugar, como investimento. As pessoas preferem encarar um financiamento longo, de muitos anos e juros, em vez de aprender a operar na bolsa e conquistar a renda por esse meio. O fim é o mesmo, mas o trajeto do investidor de ativos é muito mais prático do que aquele que compra o imóvel.

Por que vou investir em algo que não posso tocar, em um imóvel que não posso entrar?, perguntam. Primeiro, porque o risco dos fundos imobiliários é infinitamente menor do que o da compra de um imóvel. Até para quem nunca investiu em nada na vida, o fundo é uma boa opção. As oscilações são menores e, no mês seguinte à compra, já existe um retorno. Além disso, um imóvel vai exigir que você desembolse, de cara, 200 a 300 mil reais, além de, em alguns casos, ter de lidar com o financiamento; enquanto aqueles 10 reais que eu já mencionei compra uma cota de fundo. E ainda tem o gerenciamento dessa venda. No fundo, você compra e um especialista administra o bem. No imóvel, existe a mediação de uma corretora; ou, pior, quando a venda é feita diretamente com o proprietário, por alguém que pode não ter o conhecimento exigido pelo mercado.

Ainda é fundamental falar da liquidez do seu bem, ou seja, da facilidade de compra e venda do ativo. Com imóvel, isso é complicado. Uma venda pode demorar meses num mercado aquecido e anos em tempos de crise. No primeiro semestre de 2023, época em que escrevi este livro, a taxa Selic estava alta, se comparada aos últimos anos, na casa dos 13%. Isso diminui o poder de compra do consumidor, especialmente em itens de muito valor, como um imóvel. Em cenários assim, é esperada uma desaceleração. No fim das contas, o valor pode não ser aquele esperado também. Além disso, tem os gastos com um imóvel vazio, como condomínio, IPTU, manutenções. Às vezes, mesmo alugado, o imóvel dá problema, como em casos de inquilinos difíceis que danificam seu bem.

Por outro lado, se você vender sua cota do fundo, o dinheiro entra na sua conta em dois dias úteis. Nessa hora, você paga um imposto, caso a venda resulte em lucro, mas ele é baixo se a gente usar de referência o imposto sobre um imóvel, aquele cobrado sobre o aluguel.

Já deixei claro algumas vantagens dos fundos, como garantir renda mensal, ser uma boa oportunidade previdenciária e só cobrar imposto de renda na hora da venda com lucro. Contudo, há outros pontos benéficos que vão convencer você a se juntar à nossa comunidade.

Acho importante ressaltar que esse é um mercado em pleno desenvolvimento, como já falamos. O futuro próspero já chegou, e é bom embarcar nesse trem quanto antes. O fundo imobiliário também é uma ótima porta de entrada para quem sai da renda fixa e entra para a renda variável; afinal, a volatilidade é menor quando comparada às ações, e eles são mais fáceis de compreender e acompanhar do que as ações. Por fim, vamos falar de alguns dados: a taxa de retorno de imóveis em 2020 foi de 4,78%[6] contra 5,82%[7] do retorno de fundos imobiliários.

Se você estiver convencido, os próximos passos envolvem compreender o funcionamento dos fundos imobiliários, os critérios de escolha

---

6. Fonte: FlipeZap.
7. Fonte: Economatica.

daqueles que mais têm a ver com você e a criação de uma estratégia que se encaixe na sua vida.

PARA VOLTAR SEMPRE

Mencionei de forma superficial alguns conceitos que acho importante aprofundarmos agora. São expressões e palavras que você vai ouvir com frequência (se já não é algo muito presente no seu dia) e são essenciais para compreender panoramas e tomar decisões. Vamos começar pelos **indicadores** ou **indexadores econômicos**. Eles estão sempre em chamadas de sites e jornais, mas você entende o que uma alta ou baixa quer dizer? Os indexadores funcionam como referenciais para o rendimento de um ativo: eles ajudam a acompanhar e controlar operações do mercado. Por que controlar? Porque eventualmente surgem situações que colocam o investidor e o sistema financeiro em risco. Nesse caso, é feita uma intervenção com o intuito de proteção.

Os quatro principais indexadores para quem investe no mercado (tanto imobiliários como no de ações ou renda fixa mesmo) são **Selic, CDI, IPCA** e **IGPM**. A **Selic** (sigla para Sistema Especial de Liquidação e de Custódia) é a taxa básica de juros, revista pelo Comitê de Política Monetária **(Copom)** a cada 45 dias — e, por esse motivo, deve ser a que você mais vê virando notícia. O Copom foi criado no Brasil em 20 de junho de

1996,[8] inspirado em organizações já existentes nos Estados Unidos e na Alemanha. O intuito era tornar mais transparente o processo de decisão dessa taxa que impacta diretamente nossa vida. Fazem parte do Copom a alta direção do Branco Central e os diretores de outros departamentos da instituição. Nas reuniões, eles recebem as informações técnicas sobre o cenário atual, como inflação, reservas internacionais, câmbio e expectativas macroeconômicas, e com base nesses dados estabelecem a taxa Selic. É uma votação básica e simples, em que a maioria decide pelo aumento, pela diminuição ou pela manutenção da taxa e define a porcentagem nos dois primeiros casos. A cada três meses, o mesmo comitê elabora um relatório a respeito da inflação do país, que mostra não apenas a evolução no período, mas faz previsões para os meses seguintes. Esse é um documento público, que pode ser acessado por todos no site do Banco Central. Se você é uma pessoa que já investe, esse é um ótimo relatório para acompanhar e avaliar sua estratégia macro.

Ok, mas o que a Selic tem a ver comigo? Bom, ela é a principal taxa de juros do país e influencia todas as outras,[9] como a taxa de juros cobrada sobre empréstimos. Geralmente, quanto menor a Selic, menor a taxa sobre empréstimos feitos em bancos; quando muito alta, desestimula o consumo. Ela é modificada para auxiliar no controle da inflação.

---

8. Fonte: https://www.bcb.gov.br/htms/copom_normas/a-hist.asp?idpai=co&frame=1.
9. Fonte: https://www.bcb.gov.br/controleinflacao/taxaselic.

No caso dos investimentos, se a Selic subir, a poupança e o Tesouro atrelado a ela sobem também. Se você quiser se aprofundar no histórico da Selic desde 1996, nas suas movimentações e no impacto disso na economia, o Banco Central tem uma ótima ferramenta que mostra a evolução dessa taxa ao longo dos anos de uma forma ilustrada e fácil de entender.

Outro indexador é o **CDI**, ou Certificado de Depósito Interbancário. O valor do CDI está totalmente conectado à Selic e, normalmente, rende 0,2% a menos. O CDI é um tipo de título emitido pelas instituições bancárias ao transferir recursos para outros bancos.[10] Ele serve como um lastro dessa operação entre instituições. Basicamente, funciona como um sistema de manutenção do caixa dos bancos, uma parceria para apresentar o resultado necessário ao Banco Central no fim do dia.

Sabe quando um amigo te dava uma "ajudinha" na prova só para você chegar na média? É algo parecido. No fechamento diário, é preciso apresentar ao Banco Central um balanço de superávit, com mais entrada do que saída de dinheiro naquele dia. Como as flutuações e outros fatores nem sempre permitem que isso ocorra facilmente, os bancos se emprestam dinheiro para que o Banco Central veja aquele número final no azul. O CDI é calculado a partir do número dessas transições. Quando há menos crédito no mercado, ou seja, quando os juros estão altos demais, as pessoas tendem a sacar mais dinheiro do que receber, e os empréstimos

---

10. Fonte: https://www.serasa.com.br/ensina/dicas/cdi/.

entre bancos aumentam, para compensar. Apesar de essa ser uma taxa entre bancos, é possível comprar títulos privados que usam o CDI como lastro. Investimentos como CDB, LCI, LCA, LC, RDB, entre outros, são indexados ao CDI. Em algumas corretoras, o aplicativo mostra o rendimento com base em 100% do CDI, ou seja, o rendimento de 100% é igual ao CDI. O rendimento menor do que o CDI muitas vezes é questionável.

Já o **IPCA** (Índice Nacional de Preços ao Consumidor Amplo) é um indexador medido mensalmente pelo IBGE.[11] Por meio de amostras, ele reconhece a variação dos preços de produtos e serviços e o impacto disso na economia familiar — hoje, até as informações de produtos vendidos on-line estão inclusos nessa avaliação. Os dados são medidos em grandes capitais e incluem no escopo famílias cuja renda é de 1 a 40 salários-mínimos.[12] Esse cálculo é feito por meio da coleta de dados dos produtos mais consumidos por cada faixa de renda. É um indexador importante para mostrar efeitos da inflação.

O IPCA é medido pelo IBGE com o intuito de compreender como funcionava o estabelecimento de preços do mercado. O IPCA passou a ser produzido efetivamente em dezembro de 1979 e já foi até o indexador oficial do país, como referência para ajustar salários e aluguéis e até definir a taxa de câmbio. Contudo, em 1986, perdeu o posto de índice

---

11. Instituto Brasileiro de Geografia e Estatísticas.
12. Fonte: https://www.ibge.gov.br/estatisticas/economicas/precos-e-custos/9256-indice-nacional-de-precos-ao-consumidor-amplo.html?=&t=conceitos-e-metodos.

principal da inflação, quando registrou as enormes variações em preços de alimentos durante a crise inflacionária antes do Plano Real. Ainda assim, continua sendo uma ferramenta importante para avaliar a situação socioeconômica e o poder de compra de famílias, das mais vulneráveis à classe média alta. Para o investidor, é importante estar acima da inflação. Se a rentabilidade do investimento estiver abaixo, significa que ele está perdendo dinheiro e poder de compra. Para isso, o IPCA é uma ferramenta muito útil.

Aí vem o **IGP-M** (Índice Geral de Preços Mercado), calculado e divulgado pelo Instituto Brasileiro de Economia (IBRE), da Fundação Getulio Vargas, desde a década de 1940.[13] Ele é semelhante ao IPCA, porém o IGP-M mede não apenas a variação de preço final de produtos e serviços, mas de etapas de produção, como matéria-prima. Atualmente, é muito usado para reajustes de contratos de aluguel, assim como é um indexador para empresas de planos de saúde, de energia elétrica e do setor de telefonia.

Nos fundos imobiliários, esses índices são importantes porque os ativos são frequentemente relacionados a eles, como no caso de contratos de aluguéis e de dívidas. Eu recomendo que você faça o acompanhamento mensal ou, no máximo, a cada 45 dias desses indexadores. Eles vão ajudar a acompanhar o mês a mês do seu contrato, e, sobretudo, a

---

13. Fonte: https://portal.fgv.br/en/node/24917.

optar por novas compras de títulos, reinvestimentos de dividendos e reavaliação semestral da sua estratégia como um todo.

Outras expressões que eu vou usar com frequência são B3 e CVM. Como dito antes, a B3 é a Bolsa de Valores de São Paulo[14] e a oficial do Brasil; seu nome significa Brasil, Bolsa e Balcão. Ela foi criada há pouco tempo, em março de 2017, mas a bolsa de valores já existia muito antes disso. O que mudou é que, no decorrer dos anos, diversas fusões foram realizadas, nos trazendo para o cenário atual, em que é possível dizer que a bolsa brasileira tem relevância na economia internacional. Só para você ter uma ideia, o Brasil chegou a ter 27 bolsas de valores diferentes, controladas por cada um dos estados e pelo Distrito Federal, no começo da década de 1960. Em 1965 e 1966, o país passou por uma série de reformas, que transformou as bolsas em instituições civis sem fins lucrativos e autônomas, independentes de ações governamentais. Foi nessa época que a Bolsa de Valores de São Paulo ganhou o nome usado até hoje: Bovespa. Foi com essa mudança que surgiram as figuras que viriam a ser a marca registrada da bolsa nos anos 1980 e 1990: os operadores de pregão e os corretores.

Porém a história vem de muito antes. As vendas e negociações já aconteciam de maneira informal nas praças do Rio de Janeiro no século 19. O que possivelmente era comercializado naquela época? Produtos

---

14. Fonte: https://www.acervob3.com.br/historia-da-bolsa.

agrícolas e apólices de dívidas públicas, entre muitas outras coisas. Vendo que aquela atividade podia ser mais bem controlada e, portanto, mais lucrativa para o governo, em 1850 foi fundada a Bolsa de Valores do Rio de Janeiro. E só em 1890 é que vai ser fundada a Bolsa de Valores de São Paulo, conhecida então como Bolsa Livre, pelo presidente Emílio Rangel Pestana. Só que essa onda de prosperidade foi interrompida no ano seguinte, quando o país viveu uma crise de transição entre a Monarquia e a República. A inflação criou uma bolha de crédito, e as bolsas foram fechadas para evitar perdas maiores.

O mercado de capitais só foi retomado em 1895, quando foi fundada a Bolsa de Fundos Públicos de São Paulo. Sim, a história é antiga e conturbada, o que só aumenta a satisfação em ver a Bolsa de hoje, tão consolidada. Para quem curte história, é possível visitar o Pátio do Colégio, no centro de São Paulo, onde fica o prédio que sediava a Bolsa Livre. Ela ainda ocuparia outros espaços na cidade antes de se fixar na rua Quinze de Novembro, outro endereço no centro da cidade.

Em 1986, foi criada a Central de Custódia e de Liquidação Financeira de Títulos Privados (Cetip), um órgão regulador para as operações, que, naquela época, já eram muito mais variadas. As transações tinham um indicador de rentabilidade próprio do país, o **Ibovespa B3**, usado até hoje com o principal indicador de desempenho das ações negociadas na B3, reunindo as maiores empresas brasileiras de capital aberto. Contudo, as operações não ficavam todas na mesma bolsa, eram separadas por tipo. O que aconteceu algum tempo depois foi a integração dessas instituições, inclusive as regionais.

A unificação total, que originou a primeira Bolsa Nacional, só acontece em 2000. E, em 2005, a tecnologia chega para ficar, eliminando os pregões ao vivo, ou seja, aquela imagem insana que aparece nos filmes, de homens de terno suando, estressados, berrando em vários telefones, chega ao fim. Os computadores dominam; e daí para o que vemos hoje, em que você simplesmente aplica na bolsa pelo seu notebook, foi rapidinho. A B3 é o resultado da junção da bolsa de negociação (a Bolsa de Valores, Mercadorias e Futuros de São Paulo – BM&FBOVESPA) com o Cetip, centralizando operações diversas em um único órgão. É importante ressaltar que outras bolsas poderão ser reabertas no futuro, em outros estados até — assim teríamos mais de uma bolsa, como acontece nos Estados Unidos, por exemplo.

Na minha visão, termos mais de uma bolsa de valores no Brasil traria vantagens, pois quanto mais concorrência, melhor o consumidor é atendido e mais oportunidades este investidor terá. É claro que é um processo gradual, porém a cada ano os investimentos no Brasil aumentam, principalmente na bolsa de valores, e, portanto, ter essa concorrência atrairia mais empresas, melhores taxas e outros benefícios.

A CVM, por sua vez, é a Comissão de Valores Mobiliários, criada em dezembro de 1976 com o intuito de dar as coordenadas, estabelecer as regras e fiscalizar o mercado de valores mobiliários no Brasil. Ela é uma autarquia, o que quer dizer que é vinculada ao Ministério da Economia, mas tem total autonomia para tomar decisões e se administrar. A CVM realiza a inspeção e fiscaliza as companhias abertas, principalmente daquelas que não publicam seus resultados em documentos abertos à conferência pública. Em caso de suspeitas ou comprovação de que alguma atitude tomada pelo gestor é incorreta ou até criminosa, é à CVM que se deve recorrer, pois cabe a ela investigar e compreender se o caso deve seguir ou não, na esfera judicial.

A CVM é importante para nós porque as resoluções dela impactam diretamente nosso mercado. Se ela dá um aviso para um fundo imobiliário específico a respeito de alguma atividade que ela considera irregular, o mercado todo pode abrir negativo no dia seguinte. Cria-se uma incerteza temporária, e isso gera instabilidade. Como é a CVM que dita as regras, é importante ficar de olho caso alguma ação dela abra jurisprudência ou determine um novo rumo de mercado. Se você tem dúvidas sobre a CVM ou quer entender melhor como ela funciona — o que é muito válido —, eu recomendo ter em mãos o Guia CVM do Investidor,[15] que você pode encontrar com uma pesquisa no Google mesmo.

---

15. Link: https://www.investidor.gov.br/publicacao/ListaGuias.html.

Já que estamos falando de índices, não podemos deixar de mencionar o Índice de Fundos de Investimentos Imobiliários **(IFIX)**,[16] que é o equivalente do Ibovespa para o mercado imobiliário. O IFIX foi criado em setembro de 2012 pela então BM&FBOVESPA. Como ele funciona? Esse índice leva em consideração uma série de fundos que cumprem certos critérios e faz uma previsão com base no acompanhamento desses fluxos. Como referência, o IFIX acompanha hoje mais de 100 fundos (número que vem crescendo), em um tipo de uma carteira simulada. Um critério importante para a escolha desses fundos é o índice de negociabilidade, ou seja, o número de negociações feitas com aquele fundo. Quanto maior o índice, melhor, pois sinaliza que há bastante atividade. Também são proibidos fundos com cotas cujo valor médio ponderado custe menos de 1 real, para garantir que o valor seja competitivo no mercado. O fundo precisa ser negociado em 60% dos pregões, ou seja, em 60% dos dias em que há negociações.

Essa carteira fictícia do IFIX é revista a cada quatro meses, quando é possível fazer trocas e acréscimos, respeitando sempre os movimentos do mercado. O objetivo é reunir uma amostra de fundos que represente a

---

16. Fonte: https://www.b3.com.br/pt_br/market-data-e-indices/indices/indices-de-segmentos-e-setoriais/indice-fundos-de-investimentos-imobiliarios-ifix-estatisticas-historicas.htm e https://warren.com.br/magazine/ifix/?gclid=Cj0KCQjw6pOTBhCTARIsAHF23fLlMce48W5tttTZdif89NfzMAqOBkd001XpGIrYys-w-3xiIdmypagaAiwMEALw_wcB (procurando a original do estadão, mas não achei) e https://www.infomoney.com.br/cotacoes/b3/indice/ifix/.

atual situação desse mercado, para assim fazer previsões e análises mais realistas. Já é possível investir na bolsa no IFIX da seguinte forma: você investe na variação, justamente apostando nas altas e baixas dos indexadores. Esse tipo de investimento é um fundo que acompanha o IFIX, mas não é obrigatoriamente atrelado aos valores exatos dele. Criado em 2020 pela XP Vista Asset Management,[17] esse fundo é o que chamamos de Exchange Traded Fund (ETF), ou fundos de índices. No segmento imobiliário, é uma forma de investimento bastante nova e ainda não é muito procurada pelos brasileiros. Também já existem outros índices criados para acompanhar o mercado imobiliário, como o SUNO30, da Suno Research; contudo, para fazer parte dele, é preciso estar entre os escolhidos pelo IFIX, além de respeitar alguns outros critérios.

A corretora Warren também lançou índices recentemente, porém diferentes para cada área de investimento de fundos imobiliários, como de papel, laje corporativa e varejo. Da mesma forma, existe o IFIX L, que serve apenas para acompanhar fundos de alta liquidez. Apesar dessas alternativas, o IFIX ainda é o índice mais importante e o que deve ser acompanhado com maior assiduidade para controle da sua carteira.

O IFIX pode ser acompanhado diariamente, ao vivo, e aqui vai uma dica: os fundos localizados no topo da planilha não significam que são os melhores, mas sim que possuem maior patrimônio, liquidez e quantidade

---

17. Fonte: https://www.infomoney.com.br/cotacoes/b3/etf/etf-xfix11/

de cotistas. A disposição da lista tem a ver com o tamanho deles, não com o desempenho; portanto, quanto à segurança e à estabilidade, é preciso observar o comportamento daquele fundo por mais tempo.

Há outra forma interessante de usar o IFIX: se você estiver em busca de um fundo numa área específica, mas não souber por onde começar sua pesquisa, o IFIX pode indicar os mais bem posicionados. Vamos supor que você quer investir numa laje corporativa, mas não conhece os fundos pelo nome — basta olhar na planilha, encontrar alguns e neles basear a sua pesquisa de histórico, alterações, fluxos, relatórios etc. Essa tabela é um norte, mas vamos lembrar que ela é atualizada a cada quatro meses, ou seja, não existe um único fundo que seja sempre o melhor; a primeira posição é volátil, e deve ser levada em consideração a sua estratégia pessoal na hora da escolha.

Tem outra questão que talvez seja importante esclarecer do ponto de vista conceitual. Qual é a relação entre a B3 e as corretoras? As corretoras servem apenas como intermediárias nas negociações de ativos, elas não são donas da custódia dos ativos, ou seja, elas não são envolvidas na criação e na organização dos fundos, nem detêm exclusividade sobre eles ao oferecê-los para você. Isso quer dizer que, caso a corretora vá à falência ou tenha algum outro problema, é possível transferir seus fundos para outra corretora, pois você não os perde. As corretoras também são conhecidas como as custodiantes (ou *clearing houses*), instituições que fazem o registro, a guarda, a compensação e a liquidação física e financeira (ou seja, de títulos e de dinheiro) dos ativos negociados em mercado. São empresas autorizadas pela bolsa a fazer esse serviço.

DÍVIDAS SÃO BARREIRAS

Daqui em diante, nossa conversa vai ficar mais técnica, ou seja, vamos abordar termos e conceitos de mercado. Veja bem, isso não quer dizer que será chato, porque esse mundo pode ser bem fascinante, ainda mais quando isso gera renda na sua conta. Apesar disso, você vai ter uma tarefa pouco agradável antes de começar a investir: vai ter de passar um pente-fino no seu orçamento para se organizar.

Não vale a pena investir se você estiver endividado. Sim, essa é uma exigência importante. Não tem conta que feche se você estiver devendo e ainda precisar separar uma parte da sua renda para investimento, seja ele qual for. Como já contei, a minha casa tinha uma situação financeira bastante organizada e planejada, o que me ensinou a manter controle dos meus gastos, dos meus objetivos e das minhas economias. Sempre tenho certo de que tudo que eu escolho gastar está dentro do limite do meu orçamento. Eu sei que isso não é o usual, afinal, os dados mostram que o brasileiro tem altos índices de endividamento e pouca organização financeira.

De acordo com o Serviço de Proteção ao Crédito (SPC Brasil), em uma pesquisa realizada juntamente à Confederação Nacional de

Dirigentes Lojistas (CNDL) em 2020,[18] 48% dos brasileiros não controlam o seu próprio orçamento, e quase metade dos consumidores do país não cuida do próprio dinheiro. É chocante, mas a realidade é que muita gente gasta até o dinheiro acabar, e às vezes até depois, entrando no cheque especial e passando o restante dos dias apertado até o próximo pagamento. Não faz parte da cultura do brasileiro falar em dinheiro — é tabu. Ninguém revela quanto ganha, e muita gente vive de aparências por conta disso. Esse hábito impede que as pessoas peçam aumentos salariais (afinal, elas não têm referência salarial para o próprio cargo).

Enquanto eu lia sobre o assunto, encontrei uma pesquisa que me deixou muito impactado: é um estudo de 2020, encomendado pelo Itaú Unibanco em parceria com o Datafolha e a consultoria Box1824,[19] e fala sobre a relação emocional que o brasileiro tem com o dinheiro. Metade das mais de 2 mil pessoas ouvidas evitavam até pensar em dinheiro, porque achavam que o tema entristecia, e 60% nunca falava quanto ganhava. Além disso, 46% dos entrevistados nem consultava a própria conta bancária, porque achava que podia estar fazendo algo de errado. Imagina você não olhar para o próprio dinheiro com medo de errar? Devia ser justamente o contrário. A pesquisa mostra coisas ainda mais preocupantes,

---

18. Fonte: https://www.spcbrasil.org.br/pesquisas/pesquisa/717.1
19. Fonte: https://valorinveste.globo.com/educacao-financeira/noticia/2020/11/10/brasileiros-ligam-financas-pessoais-a-sentimentos-ruins-e-perpetuam-tabu-sobre-dinheiro.ghtml.

por exemplo: 97% dos participantes disseram ter dificuldade em lidar com o próprio dinheiro, e 23% viviam uma luta constante para pagar as dívidas acumuladas. Enquanto isso, segundo a perspectiva de 62% das respostas, quem controla demais o dinheiro não aproveita a vida. Essa concepção precisa mudar urgentemente. Dinheiro precisa ser um assunto comum, mas não apenas para falar da falta dele. Dentro de casa, deve ser assunto de toda a família — só assim as crianças aprendem o valor de ganhar, o preço do trabalho, o custo de manter uma vida legal, a importância de ter os gastos sob controle gastos e poupar para investir.

Tendo esse cenário em vista, digo que o ponto inicial disso tudo é aprender sobre o seu dinheiro. Quero que seja possível, ao menos para você, chegar a um lugar confortável das suas finanças e ter uma quantia para investir sem que ela faça falta nas suas contas e necessidades. Isso também é importante para garantir uma constância nos seus aportes. O que isso quer dizer? Que não é tão eficiente investir um mês sim, um mês não; ou 100 reais nesse mês, 500 no outro e nada no seguinte. A frequência e o valor vão ajudar você a construir o hábito e a projetar o valor que é seu objetivo com aquilo. Nada de ter medo, porque controle é a chave do negócio. E você vai ver o impacto que ajustar suas contas vai ter na sua saúde e no seu bem-estar.

Primeiro de tudo: anote seus gastos. Isso pode ser feito num dos vários aplicativos que estão disponíveis hoje para celular, *tablet* e computador, ou em uma planilha comum do Excel, inclusive naquelas que ficam disponíveis no drive e podem ser acessadas de qualquer lugar e a qualquer hora. Existe ainda a forma tradicional, que é o papel e a caneta. Essa última alternativa é a menos recomendada, já que é mais fácil você se confundir ou até perder o registro feito. Entre os aplicativos, eu gosto muito do Guia Bolso ou Olivia, apps inteligentes que permitem cadastrar seu cartão. Quando você usar o cartão, o aplicativo automaticamente registra esse gasto e enquadra nas diferentes atividades, como supermercado, vestuário e entretenimento. Isso ajuda muito na organização — assim, nada escapa, e você pode ir acompanhando a todo momento. No fim do mês, é importante entender seus gastos e verificar se há excessos. Por exemplo, a porcentagem dos seus ganhos direcionados a supérfluos, como delivery, roupas e assinaturas de streaming que não são usados, é excessiva? Seu gasto é compatível com seu salário? Se sobra um valor, o que você faz com ele? Seus comportamentos devem ser colocados sob uma lupa. Pode ser um processo difícil? Sim. E talvez cause incômodo, porque você pode encontrar hábitos pouco saudáveis e precisar fazer mudanças no seu estilo de vida.

Depois de entender os gastos, é hora de passar para a renda. Há dois tipos de perfil nesse caso: os que têm renda fixa e os que têm renda variável. Se você possui uma renda fixa, coloque como meta usar 90% do seu salário para suas contas e necessidades. Falo isso já pensando no salário líquido, ou seja, já com os impostos descontados. Os 10% que sobram vão para os investimentos. Esse é o valor mínimo, claro. Se você consegue poupar mais, ótimo! Agora, se você não tem o salário fixo — a realidade da maioria da população —, o ideal é fazer uma média do que você recebeu nos últimos doze meses, ou seja, pegar o valor total das entradas, somar e dividir por doze. Do valor resultante você deve subtrair 30%. Por quê? Essa é uma forma de estabelecer uma média apesar da flutuação. Esse valor vai compensar os meses em que a entrada de recursos for menor. Depois de tirar 30%, você deve viver com 70% do valor e o restante deve ser investido. Assim, você garante frequência e constância de valor nos seus investimentos.

Isso tudo parece muito básico, eu sei. Mas não é tão simples assim, ou não teríamos tanta gente endividada. A regra de ouro para fazer dar certo é se comprometer consigo mesmo e saber que você vai se pagar antes de pagar os outros. Isso quer dizer que você não deve deixar o investimento para o fim, depois de pagar todas as contas. Torne ele sua prioridade. Controle seus gastos para que o investimento seja mais um item fixo na sua planilha mensal. Recebeu a renda? Já transfira para a corretora, para outra conta. Com o tempo, esse estilo de vida vai proporcionar o resultado que você espera.

Recomendo também que, se possível, você renegocie suas dívidas para poder quitá-las. No planejamento financeiro, a gente sempre tenta aniquilar as dívidas antes de qualquer coisa. Muitas vezes, significa dar um passo para trás e depois dois passos para a frente, mas isso tem uma explicação lógica e indiscutível. Se você for comparar, a dívida bancária tem taxas maiores do que ações, fundos imobiliários ou qualquer tipo de investimento. Não estou me referindo a longas dívidas de financiamento, como as que nos programamos para pagar e que equivalem a bens muito caros, como imóveis e carros. Estou falando especificamente de dívidas parceladas, como aquela relacionada à TV que você comprou.

Essa condição de quitar dívidas menores, como empréstimos bancários, parece assustadora, claro. Pessoas com dívidas altíssimas podem comprometer toda a sua renda, impossibilitando um investimento. Mas calma, há soluções diversas. Apesar de não parecer, os bancos e outras instituições geralmente estão abertos a negociação. O importante para eles é que você pague um valor, então faça uma proposta de redução de juros, de pagar uma quantia à vista e o restante parcelado. Assim, existirá um acordo, um meio-termo válido para os dois lados. Se você ainda assim acha que não é capaz de resolver esse problema, provavelmente vai gostar bastante do próximo tópico. Reuni várias dicas para fortalecer o lado psicológico e emocional na hora de lidar com dinheiro e, especialmente, com seus sonhos.

COMO SE FORTALECER PSICOLOGICAMENTE PARA LIDAR COM DINHEIRO

Em quase uma década, a minha vivência como investidor foi de curioso e amador para profissional, a ponto de eu poder viver dessa atividade e oferecer cursos sobre o tema. Eu ouvi muitos profissionais e pessoas que já tinham experiência na bolsa, mas também errei muito. Aprendi, com vivências e estudo, que um dos fatores mais importantes quando falamos de trabalhar com dinheiro é ter a *mente forte*.

Dinheiro é um assunto sensível para nós, como vimos um pouco antes. O que ele representa é muito potente: liberdade, autonomia, saúde, acesso a exclusividades, bem-estar. Os sonhos, no fim, podem ser diferentes, mas a maioria deles poderia ser proporcionada ou antecipada com uma situação financeira mais confortável. Talvez você queira garantir a aposentadoria dos seus pais ou viajar o mundo, talvez pense em abrir um negócio... Não importa o que seja, é o dinheiro que vai movimentar e tornar esses projetos possíveis. Por esse motivo, a ideia de perder dinheiro é absolutamente assustadora para muita gente, o que torna investir na bolsa uma atividade distante, quase proibida. A ideia do risco que se corre ali é tão absurda que afasta as pessoas de possibilidades e perspectivas diversas.

E se for justamente a bolsa a resposta para conseguir mais dinheiro e levar adiante esses planos? Veja bem, só vai conseguir encarar esse processo (ou qualquer outro que envolva dinheiro) quem tiver resistência emocional para lidar com altos e baixos e quem conseguir tomar decisões sem medo. Bom, vamos às lições para chegar a essa mentalidade.

BUSQUE UM PADRÃO DE VIDA CONFORTÁVEL E MANTENHA-SE NELE ENQUANTO CONSTRÓI SEU PATRIMÔNIO

Sabe aquilo que acabamos de falar sobre guardar um pouco da sua renda mensalmente e já encarar esse valor como gasto fixo? É aqui que entra a importância de você equilibrar suas necessidades. Não defendo abrir mão daquilo que é essencial e viver uma vida ruim de levar. Ao mesmo tempo, a gente sabe que, muitas vezes, tratamos o dinheiro como moeda de compensação, ou seja, gastamos e compramos supérfluos em situações emocionais difíceis. Esse hábito precisa mudar, e é importante que você aprenda a ter uma vida confortável com gastos dentro de um limite aceitável, sem abrir mão do valor para poupar e investir. Gerar riqueza no longo prazo exige construir patrimônio, e por isso você vai ter de estabelecer esses padrões para sua vida. Não é tanto sobre um valor, porque há variações de inflação, moeda etc, mas sobre um nível de vida que se perpetue sem a inclusão de luxos excessivos.

O INÍCIO VAI SER O MAIS DIFÍCIL

Como com qualquer hábito que você decide adotar, o começo é conturbado. Quando você resolve praticar um esporte novo, tem vontade de desistir ao sentir as dores pós-treino. Quando você vai aprender uma língua nova, fica cansado dos erros constantes e tem a impressão de que aquilo nunca vai se tornar natural. Quando você tenta fazer uma dieta, tem vontade de comer o que não pode nos primeiros dias, mas depois isso passa. E é aí que você realmente engata no seu novo hábito com vontade. É o que vai acontecer com investimentos: no começo, vai ser difícil poupar, você vai ter medo de errar, não vai ter confiança no que está fazendo, vai pensar em desistir de ser um investidor, vai colocar na balança e achar que não está compensando, que é complexo demais e que você não pertence àquele lugar. Esqueça tudo isso. Ignore esses pensamentos, passe por cima deles. Você vai conseguir, só está aprendendo. Se você aguentar esse primeiro percalço, terá segurança até de arriscar no futuro. Lá na frente, a conta vai fechar.

AS CRISES VÃO APARECER, PREPARE-SE PARA ELAS

Eu sei que acabei de falar que o primeiro ano vai ser difícil e depois vai melhorar; na verdade, o que muda depois disso é que você estará mais confiante e obstinado a fazer dar certo. O cenário sempre pode se complicar — afinal, as crises podem aparecer a qualquer momento.

O importante é você estar preparado para elas. Pode ser qualquer tipo de crise: familiar, pessoal, profissional, financeira... E têm até as mais complexas, como a que vivemos a partir de 2020, com a pandemia. No entanto, se você estiver minimamente preparado, essas crises terão um impacto menor em você em comparação com a maioria da população. Quando eu digo preparado, estou falando de uma boa reserva de emergência que basicamente significa guardar uma quantia para momentos complexos (falaremos disso em mais detalhes adiante). Ela pode salvar você em algum momento, quando as coisas apertarem.

BUSQUE SER UMA PESSOA PRÓSPERA

Não estou falando aqui de ser rico financeiramente. Quando digo para você buscar ser próspero, quero dizer estar sempre em busca de conhecimento e evolução. No fim das contas, isso vai levar você ao dinheiro, à riqueza. No entanto, é importante investir em si mesmo independentemente do lucro. Quanto mais preparado você estiver, maiores são suas chances de ter uma boa performance nos investimentos e na sua carreira. Para isso, é preciso ser inconformado, não estar acomodado nem satisfeito com o que você recebeu. Se o seu salário é 3 mil, busque 4 mil. É necessário fazer um curso? Dedique-se. Ele vai trazer outros resultados para além de sua conta bancária, eu garanto. Aprenda uma nova língua, domine uma ferramenta fundamental para sua área. O investimento em si mesmo nunca será perdido, pois é o único que não é afetado por flutuações ou, pelo cenário externo. Você sempre poderá recorrer aos seus conhecimentos e criar novas possibilidades.

ENTENDA O PODER DO TEMPO

No Ensino Médio, a gente aprende uma fórmula interessante que vai me ajudar a explicar como o tempo pode ser seu aliado. Talvez você não se lembre dela, mas ela serve para calcular juros compostos.

$$M = C \times (1+i)^t$$

O montante final (M) é igual ao capital (C), multiplicado pela taxa (i) mais 1, elevada ao tempo (t).

E aqui abro um parêntese para explicar rapidamente esses termos: **montante final** é o valor acumulado ao final do período de investimento. **Capital** é o valor que você tem para começar a investir. **Tempo** é a duração que o seu investimento ficará aplicado e é o principal fator que vai mudar o resultado do montante. *Tá bom, Gabriel, mas o que isso quer dizer?* Bom, quanto antes você começar, mais tempo você terá para juntar dinheiro e fazê-lo trabalhar por você. Assim, sua liberdade financeira chegará mais cedo. Não importa se você só pode começar com 100 reais agora — é melhor começar com 100 reais todo mês hoje do que esperar dois anos, quando você puder investir mil. Comece com os 100 reais e vá progredindo até os 1.000. O tempo só vai ajudar você, e de todas as formas: no financeiro, no conhecimento, na segurança. Ele pode pode abrir portas para conhecer mais pessoas na área de investimento. Isso pode ampliar seus conhecimentos e lhe dar aliados. Conte com o tempo e confie nele.

SÓ CHEGARÁ À LIBERDADE FINANCEIRA QUEM REALMENTE ACREDITAR QUE ISSO É POSSÍVEL

Não sou o tipo de pessoa que gosta de conversas motivacionais, mas desse tópico vai ser difícil fugir, porque a verdade é que você precisa acreditar em si mesmo e na possibilidade de transformar a sua vida por meio dos investimentos. Sem isso, a dúvida, o medo e a instabilidade vão consumir você e fazê-lo desistir. Investimentos não podem ser feitos por quem só quer tentar uma coisa nova ou fugir de um trabalho exaustivo. Você tem de querer mesmo mergulhar nisso, entender os conceitos e acreditar que, daqui a algum tempo, esse será o fator de transformação da sua vida. É possível. E não tem como duvidar disso — afinal, quantas pessoas já conquistaram a liberdade financeira, a autonomia, um valor significativo ali rodando e trabalhando enquanto elas estão vivendo a rotina? Se elas conseguiram, não tem nenhum motivo para você não dar conta. Isso é algo que você deve colocar em perspectiva sempre que a crise abater você, quando vier aquele pensamento de dúvida e você não souber se é realmente capaz. Você consegue e você quer chegar lá para ver sua vitória. Acredite nisso, e todos os obstáculos vão parecer menores.

SAIBA QUANDO PARAR

Para tudo na vida existe um limite. Quando a gente é criança, quem estabelece os limites são nossos pais ou responsáveis. É provável que você já tenha ouvido de um adulto: "Agora deu" ou "Você está passando dos limites". Tem ainda "Você esgotou a minha paciência", que é quando a gente fica muito perto do perigo. Eu sei que você dá risada ao lembrar agora, mas essas broncas serviam para nos ensinar que existe um momento de parar. Nos investimentos também é assim — principalmente se você investe em ações na bolsa, que são mais voláteis. Neste livro, você vai entender como estabelecer seu limite e como revisitá-lo quando for necessário (as coisas mudam, portanto o limite também deve mudar). A verdade é que você precisa ter sempre em mente o seu objetivo, ou seja, quanto quer receber de dividendos mensalmente com seus fundos imobiliários e, para chegar lá, o que precisa fazer.

Esses valores mudam para todo mundo. Vamos supor que a minha ideia é me aposentar aos 50 anos e curtir a vida. Para isso, eu calculo que preciso ter uma renda mensal de 10 mil. Eu vou investir e planejar minhas finanças até alcançar esse ponto. Se eu nunca estabelecer esse limite, vou trabalhar para sempre, não vou me aposentar e ainda vou entrar nesse ciclo de nada parecer suficiente. Esse não é o meu plano de vida. Claro, como eu disse, existem adaptações. Vamos supor que eu tenha um filho ou que resolva abrir um negócio. Então preciso adiar em alguns anos a aposentadoria e aumentar o valor dela. Eu ajusto a rota e sigo a partir daí. Só não se esqueça de curtir o dinheiro e a liberdade financeira. Esse é o objetivo!

ELA, A RESERVA DE EMERGÊNCIA

Com certeza você já ouviu falar na *reserva de emergência*, porque ela não tem relação direta apenas com os investimentos. É um conselho comum e obrigatório que vem, desde sempre, de todo mundo que fala de dinheiro. A reserva de emergência é o seu colete salva-vidas, é a rede que vai amparar você em momentos complicados. Pense o quanto antes em montar uma.

E o que é a reserva de emergência? É uma quantia guardada numa renda fixa com liquidez imediata, que você pode resgatar num momento de necessidade, sem precisar mexer com seus investimentos. Pode ser um CDB, um CDI ou um Tesouro Selic. Esse último é um dos investimentos mais seguros que se tem, porque significa que você está emprestando dinheiro para o Governo e ele vai pagar de volta mesmo numa crise. É praticamente impossível uma situação em que o Governo não consiga pagar essa dívida.

A quantia para isso depende muito da sua situação de vida. O recomendado é pensar no seu custo de vida mensal e guardar uma quantidade que te sustente por dois a seis meses, em média, caso não tenha nenhuma fonte de renda. Caso você tenha uma situação de vida mais estável, essa reserva não precisa ser tão grande, mas se você trabalhar em uma área instável, com maior probabilidade de ser demitido e de difícil recolocação ou não tiver um emprego CLT, recomendo guardar mais dinheiro. Já ouvi histórias de pessoas com empregos muito estáveis, como funcionários públicos, que conseguiam ter reservas bem pequenas e podiam se arriscar mais. Isso tem a ver com o seu estilo de vida, as suas necessidades, então não existe uma fórmula única para definir como deve ser a reserva, ela é totalmente individual. Há quem junte, aos poucos, uma reserva de emergência capaz de sustentá-lo por um ano.. Isso pode demorar, em alguns casos, até três anos.

Por isso, peço licença para abrir uma exceção nessa dica: não é irresponsável começar a investir sem ter 100% desse dinheiro guardado. Sabe por quê? Porque esperar significa atrasar também seus possíveis ganhos. Caso você demore muito tempo para guardar essa quantia, não adie completamente seu sonho de entrar nos fundos imobiliários. Dos seus 10%, comece guardando metade e investindo metade em renda fixa — assim você já estará participando desse universo, mas sem correr riscos e ainda garantindo valores para qualquer emergência. Se achar que vale, use os dividendos para complementar sua reserva de emergência, alcançando mais rapidamente o valor desejado. Tem também o caso contrário: quem já está investindo na bolsa e não tem uma reserva, mas agora percebeu a importância dela. Nesse caso, vale a mesma dica do caso anterior: faça as duas coisas ao mesmo tempo, pegando parte do faturamento para montar a reserva.

Eu demorei muito tempo para aceitar que a reserva de emergência era obrigatória, que ela me salvaria em casos extremos. Foram dois ou três anos investindo antes de ouvir o que as pessoas me alertavam: monte a sua reserva o quanto antes. Quando finalmente decidi seguir por esse caminho, resolvi guardar bem devagar, porque eu tinha uma situação muito estável, uma vida com custo baixo e sem grandes alterações. Optei pelo Tesouro Selic e fiquei pelo menos dois anos juntando valores baixinhos. Quando abri minha empresa, isso mudou radicalmente. Para quem tem CNPJ, a reserva de emergência é indispensável e precisa ser mais robusta.

Se a gente tinha alguma dúvida quanto à importância de uma reserva de emergência, a pandemia colocou um ponto-final nessa história. Durante os difíceis meses de crise intensa, muitas pessoas perderam o emprego ou viram sua renda diminuir drasticamente. Quem tinha uma reserva se viu numa situação minimamente segura; quem não tinha a reserva para ajudar precisou vender seus ativos na bolsa, em um momento de baixa — ou seja, as pessoas perderam dinheiro. Elas venderam ativos por menos do que compraram ou do que valeria numa situação normal. Eu vi pessoas vendendo a 20 reais ações que antes custavam 70 reais. Claro que estou falando de um cenário extremo, mas essas crises sistemáticas costumam nos surpreender mesmo, como a de 2008, causada pela bolha imobiliária no mercado americano. Em vez de ser pego de surpresa, esteja preparado para se resguardar e manter seus investimentos, mesmo em uma crise.

ESTEJA CIENTE DOS RISCOS

Você já sabe que precisa se organizar financeiramente, que deve controlar a entrada e a saída do dinheiro. Você também já entendeu que precisa renegociar dívidas e criar uma reserva de emergência. Para começar a investir nos fundos imobiliários, só falta conhecer os riscos desse tipo de investimento.

Eu falei anteriormente que os fundos são um investimento menos instável do que as ações, o que é uma verdade inquestionável, porém isso não significa que não há nenhum risco. Os fundos imobiliários não se enquadram na categoria de renda fixa, mas sim de renda variável. E, como toda boa renda variável, há momentos de ganhos e de perdas, o que faz com que os FIIs tenham uma série de características voláteis. Vou esmiuçar algumas delas para que você entre nos fundos apenas se estiver 100% de acordo com tudo o que pode acontecer. Aliás, essa é praticamente uma dica para a vida financeira como um todo: não entre em nenhum tipo de investimento ou poupança sem entender os riscos e as variações de cenários possíveis. Você é o responsável pelo seu dinheiro e pelas suas decisões, e não pode culpar ninguém caso perca algum valor.

Para começar, os fundos imobiliários têm *liquidez variada*. O que é isso? É o poder daquele ativo em ser negociado. Se a liquidez for alta, quer dizer que é um fundo bastante negociado; e se for baixa, consequentemente, quer dizer que ele é pouco negociado. Para entender como a liquidez afeta um fundo, devemos comparar fundos iguais. Por exemplo, se eu pego dois fundos de galpão logístico e olho os relatórios, o que tiver liquidez mais baixa será o que apresenta o maior risco, porque o valor daquele fundo não vai mudar e vai demorar mais para as suas negociações serem feitas, então eu não vou vê-lo subir tão rapidamente nem com frequência.

Outro risco é a vacância, quando um fundo fica vago. Isso acontece muito nos fundos de tijolo. A vacância é medida por metros quadrados (m^2), ou seja, se o local tem 100 m^2 e 10 m^2 estão livres, ele tem 10% de vacância. Isso não gera rendas e afeta os dividendos. É um caso específico, mas que é preciso ter em mente na hora de investir. Vale olhar a variação histórica desse fundo para entender como isso acontece, qual é o risco real e como afeta a sua programação.

Ao analisar o histórico, você consegue compreender melhor como esse fundo vem sendo administrado e, apesar de os fundos estarem nas mãos de profissionais especializados, não quer dizer que não ocorram eventuais problemas e confusões com eles. Antes de tudo, vamos entender a diferença entre o que é um administrador e o que é um gestor. O papel desses profissionais é comumente confundido, mas eles não fazem a mesma coisa.

O administrador é aquele que cria o fundo. É um órgão ou uma empresa, um conjunto de pessoas responsável por constituir o fundo. Hoje, empresas de diversas áreas são responsáveis por construir fundos imobiliários. Pode ser um banco, por exemplo, desde que ele tenha autorização da CVM para atuar na área. No entanto, se o banco não entende de mercado imobiliário, como ele vai controlar a rotina daquele fundo? Fácil: ele chama um gestor. O banco terceiriza a gestão e só lida com a parte do dinheiro, ou seja, a administradora faz o regulamento inicial, que limita a missão, o objetivo e os ativos com os quais o fundo vai trabalhar, e lida apenas com as questões burocráticas e tributárias, cuidando do dinheiro do fundo. O gestor, que também não é uma pessoa isolada, mas um time de profissionais diferentes que compreendem o mercado imobiliário — pode ser formado por advogados, engenheiros e outros profissionais com conhecimento na área —, busca os imóveis, avalia-os, realiza as operações de compra e venda, faz a manutenção e o acompanhamento mensal dos ativos. Também é o gestor que mostra "a cara" para os cotistas: ele é o responsável pelo comentário do relatório emitido pelo fundo todo mês, além de dar o respaldo ao que está sendo feito em termos de estratégia e tomada de decisões. Se o time de gestores resolve, por exemplo, vender um imóvel e comprar outro, ele deve explicar aos cotistas o motivo daquela movimentação.

Um ponto importante de você saber e que é mais uma proteção ao investidor, é que os fundos, assim como todas as suas movimentações e gestão, são auditados por empresas auditoras. É uma empresa terceirizada, que não pode ter vínculo com o fundo. Por meio das demonstrações financeiras, ela verifica se as contas estão todas em ordem. Isso é uma exigência da CVM.

Outra responsabilidade do gestor — e essa eu acho que é a mais difícil e sensível de todas — é tratar com os inquilinos. Se o gestor comprou um prédio comercial, por exemplo, ele passa a ser a pessoa à frente das tratativas e precisa fazer com que a vacância seja a menor possível; então ele precisa achar novos inquilinos a todo momento, negociar os contratos.

Na maior parte das vezes, gestor e administrador não são da mesma instituição. Por que é importante você entender essa dinâmica? Porque é assim que você vai conseguir avaliar o trabalho do gestor e entender se está feliz com os resultados. Só que não existe uma "nota de gestão", você vai ter que fazer uma análise a partir dos resultados. A vacância é um dos números que serve de indicador, assim como os dividendos. Mas esse assunto rende tanto que voltaremos a ele mais para frente. Antes disso, vamos terminar de entender os riscos de se investir num fundo imobiliário.

Nem sempre o trabalho dos profissionais da gestão está de acordo com o esperado. Tomadas de decisão podem deixar você descontente.

É aí que estão os riscos com os imóveis e os inquilinos em si: os imóveis podem ter problemas dos mais básicos aos mais complicados de resolver, e é o fundo que vai ser impactado pelo custo disso. Modernizações e reformas geram custos. Vamos supor que o fundo tem um prédio antigo e é necessário trocar todo o piso das áreas comuns. A gestão vai tirar dos rendimentos mensais do fundo o dinheiro para fazer essas alterações, ou seja, a divisão de dividendos será afetada e menos dinheiro vai entrar na sua conta. Os inquilinos também podem dar trabalho, gerando questões contratuais ou atrasando pagamentos. Isso também cai na conta do fundo. Agora, essas coisas acontecem com frequência? Nem sempre, especialmente se você souber escolher seu fundo e optar pelos mais confiáveis, com a melhor gestão e menos riscos.

Por fim, entenda que os fundos imobiliários são negociados em regime de condomínio fechado. Se você não quiser mais aquela cota de fundo comprada, você precisa vendê-la. Não existe devolução ou reembolso, e, em caso da sua venda ter gerado lucro, há cobrança de imposto de renda.

CAPÍTULO 2

COMO CUIDAR DOS SEUS FUNDOS IMOBILIÁRIOS

Quando entendi a oportunidade que os fundos imobiliários estavam me proporcionando — de ter uma vida melhor, com qualidade e sem tanto estresse —, eu soube que não podia guardar aquela informação só para mim. Todo mundo merece realizar sonhos, e os FIIs dão a chance de chegar mais perto deles, com estabilidade e crescimento financeiro. Meu primeiro passo foi abrir um perfil no Instagram, que é um meio de grande alcance para se comunicar com as pessoas hoje em dia. Foi um sucesso muito maior do que eu podia imaginar: já somos mais de 380 mil pessoas na comunidade. Apesar de ser um espaço muito legal e, claro, de interação sobre o tema, eu senti que responder dúvidas pelos stories ou escrever sobre os conceitos nas legendas não era o suficiente. Além disso, eu sabia que tinha uma abordagem diferente em relação aos fundos imobiliários, que satisfazia tanto os iniciantes quanto os experientes. Assim, nasceu o método O que Nunca Te Contaram (ONTC) sobre os FIIs. Para aprofundar mais do que o Instagram permite, criei um curso exclusivo numa plataforma com mais de 160 aulas gravadas e encontros ao vivo, sobre todos os detalhes de fundos imobiliários, desde a criação e a história deles no Brasil até planilhas completas para se organizar e minha própria carteira. Eu tenho muito orgulho do nosso curso, que já alcançou mais de 3 mil pessoas.

Eu sempre recomendo que o curso, assim como a prática das dicas desse livro, seja feito aos poucos. Não dá para maratonar como uma série, porque você vai precisar assimilar conceitos variados. Os dados do nosso curso mostram que 80 a 90% das pessoas que se inscrevem são bem iniciantes ou sem experiência prévia em investimentos, especialmente em fundos imobiliários. E eu lembro bem como é estar nessa fase. Nunca esqueci o que é aquela vontade de fazer dar certo, de querer aprender, mas de estar confuso, de não compreender o que está acontecendo. Isso é comum a todo mundo que está ansioso com a chance e as oportunidades que os investimentos podem oferecer. Apesar disso, não dá para cair na armadilha de ir mais rápido do que deveria. É importante anotar as dúvidas que surgirem e achar a resposta para elas antes de passar adiante ou tentar compreender o próximo conceito. Se você se empenhar, em apenas um mês vai conseguir começar a experimentar a prática com segurança e, aos poucos, a ver resultados. Eu calculo que, se a pessoa se empenhar em entender conceitos e estudar duas horas por semana, em quatro semanas ela pode fazer os primeiros aportes com embasamento. Mas é necessária uma rotina de estudos focada e com material confiável. Se for só por meio de vídeos de várias pessoas na internet, em que você pesquisa o nome do termo e assiste o primeiro link que aparece, o tempo de absorção desse mesmo conteúdo sobe para até seis meses.

Eu sei que muita gente que comprou este livro pode já ter dado uma escorregada antes e agora está em busca de conhecimento para uma nova tentativa. Fico feliz e honrado que tenham procurado meu curso — afinal, é um sinal de confiança no meu trabalho. De qualquer jeito, o básico é essencial para todo mundo, pois até o melhor dos investidores esteve no início dessa jornada um dia. Quem tem a base forte corre bem menos riscos no futuro e sabe ser fiel à sua estratégia, ainda que precise ajustá-la de tempos em tempos. Aí surge uma pergunta que deve estar na sua cabeça: *Como eu estabeleço uma estratégia?* Esse é um caminho que você vai entender agora, mas, para chegar lá, você primeiro precisa se perguntar: *Aonde quero chegar com isso?*

UM GLOSSÁRIO RÁPIDO

Antes de a gente entrar nos pormenores de cada tipo de fundo, é importante acertarmos alguns termos que serão usados com frequência nas análises e avaliações. Este é outro trecho que recomendo que você use como cola, então copie de forma resumida em um pedaço de papel e tenha sempre à vista, até se acostumar totalmente e já puxar de cor cada um dos significados.

O primeiro deles é o **P/VP**, que representa o valor de mercado sobre o valor patrimonial. O valor de mercado é o valor da negociação do fundo, algo que pode mudar de acordo com a situação econômica e o direcionamento da gestão do fundo, ou seja, ele é volátil. O valor patrimonial é uma avaliação anual obrigatória feita por um profissional terceiro. São somados os valores de todos os bens e ativos que o fundo possui, e depois divide-se o total pelo número de cotas, chegando ao valor patrimonial. É uma métrica de precificação dos fundos imobiliários, usada principalmente para fundos de papel e fundos de fundos.

O segundo é o **Dividend Yield** (DY), que é um cálculo dos últimos doze meses de dividendos distribuídos pelo fundo divididos pelo valor pago por cada cota e multiplicados por cem. Esse cálculo indica a porcentagem de entrega de cada fundo, um número importante para entender se vale a pena ter aquele fundo. Existem também cálculos de DY feitos mensalmente, dependendo da métrica que você estiver buscando. Se estiver em dúvida antes de comprar a cota de um fundo, por exemplo, você pode fazer esse cálculo para cada um deles e ver qual apresenta o melhor resultado. Lembre que é preciso comparar fundos do mesmo segmento, ou seja, fundo de laje comercial não pode ser comparado com fundo de galpão logístico.

Em relatórios gerenciais, é provável que você cruze algumas vezes com o termo **área bruta locável (ABL)**. É uma medida em metros quadrados que indica a área total que o fundo de tijolo possui para ser locado. A ABL pode subir ou descer, de acordo com as compras e vendas de ativos. Por exemplo, se um fundo de laje corporativa resolve vender um ativo que já está supervalorizado e comprar, com o mesmo valor, outros três que ainda vão demonstrar crescimento, deve mudar a ABL disponível.

A **vacância** é um termo que você já leu diversas vezes aqui neste livro. Há dois tipos de métricas de vacância: física e financeira. A **vacância física** se refere ao tamanho do espaço livre em metros quadrados. Vamos usar de novo o exemplo da laje corporativa e supor que, de repente, uma empresa que locava um pedaço de um andar corporativo não renova o contrato. De repente, 50 m² ficam disponíveis e vagos, até um novo inquilino chegar. Isso quer dizer que também ocorre uma **vacância financeira**, ou seja, o fundo não vai receber o aluguel daquele espaço, o que interfere nos dividendos. A vacância financeira é apresentada em reais. As duas métricas podem ser iguais, mas nem sempre o são. Eu explico: caso a empresa tenha deixado a laje comercial antes do término do contrato, ela precisa pagar uma multa. Isso quer dizer que o fundo tem uma vacância física, pois aqueles 50 m² estão vagos, mas a multa faz a compensação financeira dos meses seguintes, evitando a vacância financeira.

Existem também as **taxas** que aparecem descritas no relatório gerencial. *Atenção*: esses valores são descontados automaticamente, antes mesmo de você receber seus dividendos, portanto você não precisa pagar nenhuma outra taxa depois. A taxa de gestão é a parte do lucro destinada ao gestor, o responsável pela rotina e pela tomada de decisão de compra e venda dos ativos, bem como pelo controle diário do fundo. A taxa de performance também é para o gestor, entregue quando ele bate algumas metas pré-estabelecidas. A taxa de administração é para a empresa fundadora, que criou o fundo e fez o regulamento. Tudo isso sempre estará descrito no relatório de gestão.

Outro termo bastante comum nesse universo dos fundos imobiliários é o **rating**, palavra em inglês usada para classificação. O *rating* representa a classificação de risco de crédito em uma área, um tipo de ativo e até mesmo em um país. Países em guerra ou com instabilidade econômica apresentam *rating* baixos, demonstrando que há menos nível de confiança para quem pensa em investir naquele local. Em um fundo imobiliário, é medido o risco de vacância financeira, por exemplo. Vamos supor que, em um fundo apenas de lajes corporativas, todos os inquilinos são avaliados. Alguns têm *rating* A, ou seja, são extremamente confiáveis, possuem crédito e boa situação financeira, enquanto outros inquilinos têm *rating* B, pois existe o risco de eles deixarem de pagar os aluguéis e acumularem uma dívida. Portanto, fundos de *rating* B e até abaixo disso são para investidores que toleram maior risco, pois podem oferecer dividendos melhores, mas isso ocorre justamente porque o risco de inadimplência é maior.

Importante destacar que essa classificação é feita por empresas contratadas. Em alguns relatórios, artigos e materiais da área dos FIIs, você vai encontrar o **Net Operating Income** (NOI), ou renda operacional líquida. Como o próprio nome diz, é a receita bruta menos as despesas, ou seja, o lucro final do ativo. As entradas de renda podem variar dependendo do segmento. Em shoppings, por exemplo, além do aluguel dos espaços das lojas, há o estacionamento, a participação em vendas, a publicidade. Portanto, todos esses valores são somados para calcular a renda.

O NOI é baseado no resultado real, já o **Cap Rate** é uma previsão de retorno. Chamada de taxa de capitalização no Brasil, o *Cap Rate* é resultado de um cálculo que divide o NOI anual pelo valor atualizado do imóvel. O resultado é o que se espera da taxa de retorno em uma propriedade de investimento imobiliário. Se o resultado for 10%, por exemplo, significa que o imóvel rendeu, em 1 ano, 10% do seu valor total. Em 10 anos, portanto, ele terá rendido 100%. Claro que isso é uma estimativa que pode mudar, já que há diversos fatores que incidem sobre o NOI, como vacância e inadimplência, mas o número dá uma indicação do que esperar de *Cap Rate* pelo investimento, algo que deve ser levado em consideração na hora de escolher os ativos para investir.

Sale and leaseback (venda e alugue de volta, em uma tradução bem básica) define um tipo de operação do mercado imobiliário. O nome é complicado, mas é algo tão comum atualmente que você vai reconhecer logo de cara. Imagine uma grande rede de supermercados, com diversas unidades e imóveis próprios para cada uma. O comitê de gestão resolve que é hora de expandir e abrir mais unidades em outros lugares, mas, para isso, a empresa precisa se capitalizar. Eles recorrem a um fundo e propõem que seja realizado uma ação de *sale and leaseback*. O fundo compra o imóvel e aluga-o para o supermercado. Dessa forma, o supermercado não precisa se mudar, garante a localização, mas tem em caixa uma quantia para poder promover a sua expansão. É uma opção bastante comum hoje em dia, refletindo uma mudança de *mindset*. Antigamente, muitas empresas consideravam que era obrigatório ser donas dos espaços que ocupavam, mas, com os avanços econômicos, viram nessa alternativa uma opção econômica e ao mesmo tempo rentável, permitindo alavancar suas operações. Para o fundo também é interessante, já que tem um inquilino de longo prazo que dá certeza sobre o aluguel do imóvel, garantindo mais segurança e estabilidade.

Agora, quando você ler **built to suit** (construído para atender), entenda que é algo diferente, apesar de o resultado ser semelhante. Nesse caso, o locador tem o direito de reformar o imóvel, mas ele deve pagar ao locatário tanto o aluguel quanto o valor da reforma. Vamos supor que o Magazine Luiza precise de um galpão logístico em São José do Rio Preto, em São Paulo. A empresa tem as especificidades do local: precisa ter 1000 m², número x de entradas e saídas. Ela encontra o dono de um fundo e propõe a construção exatamente dessa forma. O fundo aceita e, em contrapartida, pede que o contrato de aluguel seja de 30 anos, além de acrescentar os gastos ao longo dos anos no aluguel — é por isso que são tantos anos, para dissolver o valor alto sem que o impacto seja tão forte. Por que isso é interessante para algumas empresas? Porque dessa forma elas não têm o gasto altíssimo de uma construção de uma única vez, como se fizessem um financiamento da obra. Além disso, contam com a facilidade da gestão de uma empresa qualificada, o que representa uma preocupação a menos.

Tem mais um conceito de que eu gosto muito: a **reserva de oportunidade** (não confunda com reserva de emergência). A reserva de oportunidade é um dinheiro para investir num fundo que eu gosto, mas que não está no melhor momento para compra. Vou exemplificar: eu tenho um fundo cuja cota está custando 200 reais. Eu o comprei há algum tempo por 150 reais, mas ele está caro agora. Ainda assim, eu gosto desse fundo e tenho interesse em ter mais cotas (ele faz sentido na minha estratégia e na diversificação da carteira), só que não quero pagar o preço atual. O que eu faço? Separo esse dinheiro numa renda fixa, como um Tesouro Selic, e espero uma oportunidade melhor, que deve surgir em breve. Se o fundo resolver fazer uma subscrição, por exemplo, eu, como cotista, tenho direito de fazer uma compra por um valor amigo, menos do que a cota para quem não é cotista. Então eu resgato esse dinheiro, que tem liquidez rápida, e compro mais cotas do fundo. Essa é uma estratégia que pode ser usada diversas vezes e pode dar mais resultado do que deixar o dinheiro parado na conta ou até mesmo na poupança, esperando. Além disso, essas operações são rápidas e de fácil realização, exigindo quase nenhum esforço.

COMO UM FUNDO IMOBILIÁRIO CRESCE

Se você chegou até aqui, é improvável que ainda não tenha entendido como um fundo é formado e como ele cresce. Porém, como o intuito é deixar você pronto para começar a investir, não quero que sobre nenhuma dúvida.

Um fundo imobiliário é um conjunto de ativos organizados por uma administradora que se propõe a gerir ou contratar um gestor para aqueles imóveis. Quando for investir em um fundo, você pode estar comprando uma cota do imóvel em si ou do crédito imobiliário, de títulos, de dívidas. Como eu já disse, é regra que 95% do lucro semestral desse fundo (o que resta após pagar serviços) seja distribuído entre os cotistas, enquanto os 5% restantes sejam direcionados a uma reserva de emergência para eventuais reformas, por exemplo. Dessa forma, parece improvável que um fundo cresça, já que o dinheiro proveniente dos rendimentos precisa sempre ser dividido dessa maneira. Porém, há algumas estratégias usadas para esse fim. As cotas são frações de patrimônio definidas no começo da gestão desse fundo, mas podem ser alteradas em algumas situações. O que eu quero dizer com isso? Que há situações em que o gestor resolve criar mais cotas e colocar à venda. Uma das maneiras de fazer isso, apesar de ser menos usual, é por meio da reciclagem de portfólio. **Isso corresponde à venda de ativos que já estão muito bem posicionados, redirecionando o uso do dinheiro da venda para a compra de outros ativos** (talvez dois ou três menos valorizados), visando o crescimento no longo prazo e o desenvolvimento desses ativos. O gestor deve identificar o potencial de valorização desses investimentos e comprovar que o ativo inicial, que foi vendido, chegou ao máximo de seu valor.

Outra forma de crescimento se dá por meio da subscrição. Cada fundo tem uma quantidade limitada de cotas, mas **quando o gestor adiciona um novo ativo ao portfólio**, ele pode propor um aumento do número de cotas desse fundo. Primeiro, ele precisa oferecer essas cotas para quem já é cotista do fundo e por um preço inferior ao de mercado. A proposta é dar a vantagem a quem já faz parte do fundo, com um preço realmente competitivo. Com o dinheiro das novas cotas, o gestor consegue comprar novos ativos. É a maneira mais popular de um fundo crescer, mas nem todo fundo pode fazer a subscrição. Essa informação está no regulamento do fundo.

Entre os fundos mais antigos, de 2016 para trás, é comum que o regulamento os identifique como mono, ou seja, possuidores de apenas um ativo, e não vão alterar essa característica. É importante ficar de olho nisso, porque pode representar um crescimento limitado do fundo e, consequentemente, dos seus dividendos, algo que não seria tão legal para quem busca aumentar patrimônio. Por quê? Porque os fundos imobiliários rendem dinheiro de duas formas: a valorização de cotas e os dividendos passivos. O segundo item é o mais importante, porque é o grande benefício e diferencial dos fiis. É bom que a carteira se valorize ao longo do tempo? Sim, mas não é o objetivo principal.

OS TIPOS DE FUNDO

Os fundos se encaixam em alguns perfis, e é importante que você entenda cada um deles para poder fazer uma leitura de mercado. Segundo a Associação Brasileira das Entidades dos Mercados Financeiro e de Capitais (Anbima), há apenas duas categorias em que os fundos se encaixam: de **renda** e de **desenvolvimento**. A primeira compra imóveis e ativos para distribuir dividendos acumulados por meio de aluguéis. A segunda faz a construção de imóveis para venda.

FUNDOS DE RENDA

- Fundos imobiliários de shoppings.
- Fundos imobiliários de hospitais.
- Fundos imobiliários de hotéis.
- Fundos imobiliários de agências bancárias.
- Fundos imobiliários do setor educacional.
- Fundos imobiliários de lajes corporativas.
- Fundos imobiliários de galpões logísticos.
- Fundos de recebíveis imobiliários.
- Fundos híbridos.
- Fundos imobiliários de fundos.

FUNDOS DE DESENVOLVIMENTO

- Fundo de desenvolvimento imobiliário.

Ficam dentro da categoria de **fundos de renda** os **fundos de tijolo**, aqueles que de fato investem em imóveis físicos. Eles costumam ser mais seguros, porque são imóveis físicos alugados para empresas, como é o caso de shoppings, lajes comerciais, galpões logísticos, varejo, agências bancárias, locais destinados a atividades educacionais e até hospitais. Como os contratos de locação nesses casos costumam ser longos, é improvável que ocorram grandes variações no fluxo de entrada do dinheiro ou surpresas para a gestão. Esse é um fator importante, especialmente para o investidor iniciante.

Ainda há os **fundos de fundos (FOF)**, que contam com o trabalho estratégico de um gestor. E por que investir em FOF, em vez de ir diretamente para os fundos específicos? Para começar, ele oferece bastante diversificação. Uma única cota do FOF contém vários fundos. Imagine um FOF com 30 fundos? É bem mais prático e fácil de acompanhar do que ir atrás de cada um deles e tentar alcançar o mesmo resultado. Aliás, outro fator interessante dos FOFs é que eles geralmente distribuem dividendos maiores do que outros segmentos, inclusive os segmentos variados dos fundos que ele abriga. Se o mercado está bom, os FOFs entregam resultados melhores do que a média. Contudo, o mesmo vale para o outro extremo. Se o mercado não for muito bem, é provável que os FOFs fiquem abaixo dos resultados dos fundos de outros segmentos. Uma vantagem dos FOFs é que eles não possuem vacância e são geridos por pessoas especializadas, cientes das variações, dos riscos e da importância de saber acompanhar e tirar o melhor dessa característica de acompanhamento (para cima e para baixo).

É claro que há riscos para quem escolher investir nos FOFS. A má gestão pode acontecer e, em um fundo como esse, significa uma queda ainda maior. A gestão do FOF é ainda mais impactante do que em outros fundos, já que ela faz compra e venda com mais frequência, a liquidez é maior e o que acontece em outros segmentos pode ser um abalo direto. Os FOFS possuem dupla taxação — lembra as taxas de administração, gestão e performance? Você vai pagar duas vezes: uma para os gestores e administradores do FOF e outra para os gestores e administradores do fundo original. Por fim, tem alto P/VP; um FOF com P/VP muito alto indica que você está pagando mais do que esse fundo vale — e essa situação não é incomum com esse segmento em específico.

Entre as vantagens de investir em FOF, está o fato de você poder contar com os conhecimentos de alguém. Isso é bem importante para quem é investidor iniciante, já que pode ser difícil tomar decisões e conseguir avaliar fundos de segmentos diversos. O FOF ainda garante uma carteira mais diversificada, vantagem para quem quer começar nos fundos imobiliários. Ainda assim, mesmo que você seja novato, é interessante que você saiba como avaliar os FOF. São fatores interessantes de se analisar: a carteira de ativos, a estratégia de investimento, o preço e o trabalho da gestão.

A carteira, nesse caso, vai ter fundos imobiliários de setores como shoppings, varejo e hospitais (vou falar mais disso a seguir), mas esse não é o ponto principal, e sim os tipos de fundo. O FOF pode ganhar dinheiro de duas formas: comprando fundos e repassando os dividendos ou comprando ativos por um preço e vendendo mais caro. Esse valor também é distribuído nos dividendos. Muitas vezes, a estratégia é mista, ou seja, combina a renda que já falamos com o que chamamos de ganho de capital. Há ainda a opção de misturar essas técnicas, ou seja, compra-se o fundo por um preço, vende-se depois de seis meses por um valor maior, mas, nesse meio tempo, distribui os dividendos gerados, aproveitando os rendimentos de todas as formas. Os resultados vão mostrar o trabalho do gestor, como ele agiu em crise e em momentos de alta do mercado. Se for um trabalho bem-feito, ele vai operar acima do IFIX.

Ressalto que o FOF é uma opção para quem ainda não está se sentindo confiante para explorar sozinho os variados segmentos dos fundos imobiliários ou para quem não tem tempo de estudar cada característica. Ele oferece a facilidade da gestão combinada à diversificação, porém não é a opção mais atraente para quem já é experiente ou quer se tornar um especialista em fundos imobiliários.

Há também os fundos **híbridos**, que unem papel e tijolo, oferecendo opções equilibradas para quem quer ser mais arrojado, mas ainda é moderado em termos de risco. A seguir, vamos falar mais especificamente sobre cada segmento desse tipo de fundo, já que há tantas características próprias e fatores de decisão diferentes.

GALPÕES LOGÍSTICOS E INDUSTRIAIS

Nos últimos anos, houve um crescimento muito grande em alguns setores de fundos imobiliários, nos quais eu sugiro que você fique de olho. Essa movimentação tem a ver com as mudanças estruturais que foram intensificadas pela pandemia, e um exemplo é o crescimento dos **galpões logísticos**. Com o crescimento do comércio on-line e das empresas desse setor, mais e mais espaços de logística se tornaram essenciais. Portanto, esse é um setor que deve manter certo crescimento daqui em diante. Grandes empresas estão em busca desses espaços, o que dá certa credibilidade a quem aluga os galpões. Ao mesmo tempo, é improvável que a gente consiga sanar essa necessidade, que aumenta mais rápido do que a construção de novos espaços, o que deve intensificar a procura e favorecer o aumento dos preços de aluguéis. Os fundos de galpão logístico hoje têm como inquilinos empresas gigantes, como Magazine Luiza, Casas Bahia, Netshoes, Americanas, Ricardo Eletro, Amazon e Submarino. Como as empresas precisam de lugares para estoque e escoamento de produtos, é provável, inclusive, que essa demanda impulsione o mercado de fundos imobiliários desse segmento para muitas áreas que não as capitais ou os grandes centros urbanos, mas não tão longe dos municípios de interesse (até 40 quilômetros).

É importante diferenciar galpões logísticos de galpões industriais, apesar de existir carteiras que misturem os dois. A principal diferença é que no galpão logístico ocorre apenas estoque e escoamento, enquanto no galpão industrial a empresa realiza a produção, ou seja, há maquinário pesado. Num galpão logístico, a vacância tende a ser menor, porque é um espaço de fácil adaptação para qualquer empresa, ou seja, se a Amazon sair do galpão, a Netshoes consegue facilmente entrar sem fazer grandes alterações e reformas. Isso o não acontece no caso de galpões industriais, já que, por conta da disposição do espaço, dos processos contínuos e até mesmo do maquinário, é preciso que o galpão tenha características específicas. É necessário levar isso em consideração na hora de avaliar um fundo que contenha esses ativos. É um ramo industrial que tende a enfraquecer nos próximos anos, por exemplo. Recentemente, vimos uma movimentação muito grande no setor das montadoras automobilísticas no Brasil. Vamos supor que todas as fábricas desocupadas pertençam a fundos. Qual é a previsão de esses espaços serem ocupados novamente?

O que mais deve ser avaliado na hora de escolher um fundo imobiliário logístico ou industrial? O primeiro critério é a carteira de ativos, claro. A carteira pode até ter ativos de outros setores, desde que dois terços sejam de fundos imobiliários de galpão logístico — essa é a regra para determinar a qual setor um fundo pertence.

O segundo critério é a localização dos ativos, se os galpões estão próximos a portos ou a locais de distribuição. É uma área atrativa, muito buscada, têm empresas procurando espaços para locar ali?

Em seguida, observe o contrato. Há dois tipos de contrato: típico e atípico. O primeiro é quando o contrato é de curto prazo, mas há atualizações de taxas mais frequentes em relação aos indexadores, como IGP-M e outros que já tratamos há algumas páginas. Os contratos atípicos são os de longo prazo, a partir de 10 anos, mas as revisionais só consideram a inflação. Isso vai ser mostrado também nos vencimentos do contrato, disponível no documento. Essa informação é interessante para quem está comprando, porque é possível verificar quando vão ocorrer mudanças nas cobranças e, provavelmente, nos dividendos.

Ainda nos contratos, é legal verificar a classificação dos inquilinos (lembra do *rating*?). Quanto mais inquilinos no grupo A, menor o risco. Saber quem são os inquilinos também é recomendado: se tiver um mix de empresas de renome, é muito bom. Caso sejam inquilinos não confiáveis ou alvos de notícias sobre falência e crises, é bom abrir o olho, pois seu imóvel pode ficar vazio em breve.

A vacância, como já falamos várias vezes, é mais um critério a ser observado. Se ela for controlada e apresentar baixa variação, isso quer dizer que o risco é baixo e que o impacto nos dividendos não deve ser grande.

Por fim, vale estudar a capacidade de geração de renda antes de investir. É aquela estimativa que falamos há pouco, quando tratamos dos termos e vimos algumas fórmulas usadas no mundo dos fundos imobiliários. Depois, essa capacidade de geração de renda deve ser comparada aos indexadores, como o IFIX ou o CDI, para assegurar que a estimativa foi cumprida ou qual foi a diferença do resultado.

A combinação desses fatores é que vai demonstrar qual é o melhor fundo para você e para a sua estratégia. Não existe uma resposta padrão, nem um único critério (ou um critério maior) a ser observado. É por isso que de nada adianta só copiar a carteira de alguém, porque ela pode não suprir suas necessidades ou ser incompatível com seus valores. Nesse caso, o melhor é estudar e compreender qual caminho é o indicado para você.

LAJES CORPORATIVAS

Outro setor de crescimento é o de lajes corporativas, andares em prédios comerciais que são procurados por escritórios e empresas. Desde o início da pandemia, esse setor sofreu imensamente com a vacância, já que o trabalho remoto e a adaptação de esquemas de trabalho levaram diversas empresas a devolver andares de prédios comerciais. Um setor que já foi tão forte se viu numa crise grave e repentina, apesar de alguns indícios de queda anteriores. Com a volta ao trabalho presencial, mesmo em modelos híbridos, e a percepção por parte das empresas da importância de sedes comerciais, é provável que a busca por esses espaços aumente, especialmente nas grandes cidades, como São Paulo, Rio de Janeiro, Brasília, Belo Horizonte e Curitiba. Essa demanda é surpreendente, tão pouco tempo após o declínio devido aos impactos da pandemia, quando se estimou que muitas empresas abririam mão de todos os contratos presenciais dos colaboradores. Entretanto, o cenário atual, de retorno às atividades com uma rotina mais semelhante a que se tinha antes da pandemia, indica que as empresas devem manter ou procurar novos espaços corporativos após a saída de seus antigos endereços, mesmo que remodelados ou com ofertas de diferentes ambientes apenas para reuniões e encontros de equipe.

Para o mercado de fundos, esse momento de queda pode ser visto como uma oportunidade. Daqui a pouco, vou mergulhar mais profundamente no conceito de **ciclo imobiliário**, que é mais ou menos uma repetição de padrões de comportamento do mercado e dos investidores, indicando os melhores pontos para compra e venda, e o caminho esperado para um ativo percorrer. Lembrando que, apesar de os fundos oferecerem menos riscos do que as ações, eles ainda são investimentos de renda variável, com altas e baixas.

Num momento de grande queda, partindo de alguns critérios que demonstrem que a área de atuação do fundo tem perspectivas e oportunidade de crescimento, além de procura e interesse, é possível fazer investimentos precisos, acompanhando as posteriores altas e a valorização de seu patrimônio, além do aumento dos dividendos. Quem souber avaliar as melhores lajes acaba saindo na frente. Como funciona essa análise? Há critérios importantes de serem observados.

Para começar, os ativos da carteira, de forma semelhante aos galpões corporativos, podem misturar diferentes tipos de ativos. Desde que a maioria (não se esqueça da regra dos dois terços) seja de fundos imobiliários de lajes corporativas, é possível encontrar renda fixa, outros fundos imobiliários e LCI.

O próximo critério a se observar é mais específico e tem a ver com o padrão construtivo. Essa é uma informação que vai constar no relatório gerencial e indica a estrutura do imóvel. É um imóvel novo? É um imóvel de alta qualidade? Tem ar-condicionado central ou individual? Qual é o tamanho do espaço? O pé-direito é alto? Os elevadores são inteligentes? Quantas vagas há na garagem? Esses são pontos fáceis de observar no relatório comercial que indicam que tipo de negócio ou empresa vai ser seu inquilino ou procurar um espaço como esse imóvel. Essas informações geralmente são reunidas em um critério, como uma nota. Os imóveis são classificados em padrão A, B ou C, sendo os últimos mais raros em fundos imobiliários. Estudando essa classificação, veja quem são os inquilinos e em qual região o imóvel está localizado, se tem fácil acesso, se é cercado por muitos serviços, se fica em uma zona nobre.

Observe também a vacância no registro histórico, se possível tentando obter informações de antes da pandemia, já que a situação promoveu uma alteração no movimento normal de ocupação dos imóveis. Os contratos devem conter os prazos de vencimentos e os índices de reajuste. Por fim, avalie o potencial de geração de renda com base no histórico do fundo e a gestão. Em um caso de crise, como o que está vivendo esse segmento, a gestão deve se mostrar disposta a fazer mudanças para tentar reverter a curva negativa. Procure saber quais foram as decisões recentes, as alterações de estratégia e o impacto disso nos resultados. Boa gestão não é só aquela que dá resultado positivo sempre — afinal, por vezes é impossível driblar as situações de mercado —, mas é aquela que revê seu jogo quando o cenário e o resultado não são os desejados.

Esses ativos são muito bons e costumam ser fortes, tanto que estão a caminho da recuperação. Para quem tem carteiras conservadoras e moderadas, ter uma parcela investida em fundos de laje corporativa é recomendado, pois garante um retorno bastante positivo. Para quem quer resultados mais agressivos, esse ainda não é o melhor momento para comprar esse tipo de ativo. O ideal é esperar mais um pouco e entender a valorização ou desvalorização de alguns ativos em específico.

SHOPPING CENTER

Também acredito que shoppings serão um setor de crescimento, pois há uma tendência a serem construídos especialmente em cidades grandes e médias, fora dos maiores centros urbanos. O cenário de expansão dos shoppings no Brasil ainda é muito grande, com enorme potencial, já que é uma atividade socialmente procurada na maioria dos municípios. Principalmente no período pré-pandemia, os shoppings apresentavam grande crescimento, com altas nas vendas e aumento do público e da procura de lojistas por espaços para aluguel. O ano de 2020 foi catastrófico, principalmente porque os shoppings ficaram fechados por algum tempo, e depois se instalou a crise financeira que reduziu o consumo de itens não essenciais. Contudo, em 2021, o setor começou a se recuperar. Segundo dados da Associação Brasileira de Shopping Centers (Abrasce),[19] houve um aumento de 23,6% nas vendas no acumulado do ano, o que é considerado um resultado positivo, já que também aconteceram alguns períodos de restrições à abertura dos shoppings em 2021. Contudo, o resultado ainda fica abaixo das vendas em 2019, com 17,4% de queda. A projeção para 2022 é de 13,8% de crescimento, além de redução da vacância, de 6,1% para 5% nos ambientes desocupados.[20] O otimismo em

---

19. Fonte: https://www.infomoney.com.br/consumo/vendas-dos-shoppings-no-pais-sobem-236-em-2021-mas-crescimento-ainda-e-inferior-a-pre-pandemia/.
20. Fonte: https://www.suno.com.br/noticias/vendas-shoppings-2021-projecao-2022/.

relação ao retorno dos tempos áureos do setor é tão grande que muitos shoppings estão investindo em reformas, atualizações e até expansões. Eles buscam acomodar um público crescente, interessado em atividades diversas, enquanto se adaptam às novas necessidades surgidas após a pandemia. Os shoppings hoje vão muito além da atividade primária, que é a venda. Há academias de ginástica, supermercados, restaurantes, clínicas médicas, serviços de correios e até faculdades. O shopping é algo que se tornou indispensável no dia a dia do brasileiro.

Ao observar e estudar alguns fundos de shopping, é possível que você se depare com uma situação incomum, mas que aconteceu durante a pandemia: alguns fundos resolveram, por um tempo, distribuir 0% de dividendos. *Nossa, mas os fundos podem fazer isso?* A resposta é: depende. Primeiro, não distribuir dividendos não quer dizer que o fundo faliu, nem que ele não está dando lucros. A regra é que os fundos precisam entregar para os cotistas ao menos 95% do lucro no semestre. Se por algum tipo de estratégia, como aguardar a melhora dos índices ou reinvestir o dinheiro gerado naquele mês para evitar uma queda maior, ele resolver não entregar os dividendos um mês, é necessário compensar em outros para que, ao final do semestre, o valor obrigatório de 95% seja entregue. É confuso e não é comum, mas é uma alternativa autorizada e compreensível em certas situações, como foi na pandemia. A sensação de um banho de água fria deve passar, mas ele pode acontecer.

Apesar desse susto e das quedas, eu ainda acredito muito nos fundos de shopping. Primeiro, porque eu não enxergo a possibilidade de a internet assumir completamente todas as vendas. Os e-commerces são uma grande vantagem e facilitam a vida, mas a experiência do shopping é diferente. Além disso, algumas experiências nos mostram que há um interesse por parte do público consumidor nesse tipo de local. Nos períodos em que os shoppings estiveram abertos no ano passado, observamos altas de consumo. Nas datas especiais pós-pandemia, também houve um movimento de reação. A Associação Brasileira de Shopping Centers (Abrasce)[21] divulgou os dados do Censo Brasileiro de Shopping Centers 2022-2023 e mostrou a reação do setor ao longo do ano passado. O faturamento foi de 191,8 bilhões de reais, se aproximando do volume registrado em 2019 e com crescimento de 20,5% comparado a 2021. Esse valor superou, inclusive, o índice projetado pela Abrasce no início de 2022, que era de 13,8%. Isso já se refletiu nos fundos, com meses de aumento da receita.

Se os shoppings são investimentos que atraem a sua atenção, é preciso saber como avaliá-los. Como nos outros casos, é preciso analisar a composição da carteira de um fundo de shopping. A regra dos dois terço também serve para esse segmento. Em seguida, olhe para os imóveis que fazem parte desse fundo e entenda a localização de cada um deles. Isso vai abrir o leque para muitas outras informações, como o público que

---

21. Confira mais em: https://abrasce.com.br/numeros/setor/

shopping? Primeiro, que ela apresente relatórios com informações claras e que estejam em sintonia com a realidade. Além de beneficiar e priorizar o cotista em suas decisões, a gestão deve entender que existe uma expectativa a ser cumprida e que é preciso haver uma conversa caso o cenário mude e dificulte a entrega do resultado esperado inicialmente. A gestão de shopping também precisa ser muito boa em lidar com crises, para minimizar impactos e entender momentos de alta com os pés no chão. Por fim, a gestão deve ter como objetivo o crescimento do fundo, buscando torná-lo mais robusto. Para isso, é necessário realizar transações de compra e venda capazes de aumentar e valorizar o patrimônio, tornando-o torná-lo cada vez mais atrativo para os cotistas e procurado no mercado durante as negociações.

VAREJO

O varejo é um setor em expansão e tende a se tornar cada vez mais presente nas carteiras devido ao aumento das opções ofertadas. Alguns ramos de mercado recorrem mais a esse tipo de empreendimento, que é uma loja urbana localizada na rua. É provável que você encontre nesses fundos muitos ativos de supermercados e hipermercados, lojas de departamento e de artigos esportivos. Apesar de ser uma novidade, ou melhor, de ter um crescimento mais recente, esse tipo de fundo também possui critérios que devem ser avaliados para garantir que seja uma boa opção frequenta o local, como o shopping é inserido na rotina das pessoas, o acesso, os tipos de loja... Tudo isso aponta o perfil dos nossos inquilinos. Vale destacar que partes de um mesmo shopping podem perceber a fundos diferentes.

O contrato vai mostrar a ocupação desse shopping e um número diferente dos outros segmentos de fundos de tijolo: as de vagas. Além das lojas, o shopping ganha dinheiro com o aluguel das vagas para estacionamento. Esse rendimento vai ser acrescentado (inteira ou proporcionalmente, de acordo com a porcentagem que o fundo possui) ao valor total recolhido.

A publicidade interna também é cobrada nesses espaços. Sabe aqueles anúncios em elevador ou em banners pendurados nos vãos livres, em cartazes? Inquilinos pagam pela mídia, e o fundo ganha com isso.

Por fim, os eventos que acontecem no shopping são geradores de renda, como exposições, atividades para crianças durante as férias e palestras. O fundo é esse conjunto da obra, e a receita financeira é composta por diversos itens.

O potencial de geração de renda, por ter sido amplamente afetado pela pandemia, também deve ser analisado a partir de um histórico mais longo, de modo que seja possível compreender cenários diferentes dos últimos dois anos de crise. É essa visão que permite entender qual é a expectativa de crescimento desse fundo e se ele faz sentido dentro da sua estratégia. O que você deve esperar da gestão de um fundo de para a sua carteira. Você vai notar que são critérios muito parecidos com os de outros fundos de tijolo, como a necessidade de analisar a composição da carteira para verificar se ela é diversificada ou se investe majoritariamente em imóveis do segmento. Por que isso é importante? Porque, dependendo da distribuição, é possível que haja uma parcela significativa de investimentos em renda fixa, o que aumenta a estabilidade do fundo (isso pode ser positivo para aqueles com uma carteira conservadora, mas negativo para aqueles com um perfil arrojado), ou que haja parcelas de outros fundos que, então, também devem ser estudados. Depois, olhe para os imóveis. Qual a localização, a distribuição, o público, a procura? Esses imóveis são usados para qual fim? A vacância é alta?

Outro detalhe que o contrato pode fornecer é o prazo de vencimento. Quanto mais distantes, mais seguro e estável é esse fundo, já que não há a preocupação por preencher uma possível vacância em breve. Aí vale ver se o contrato é típico ou atípico — aqueles conceitos sobre a duração e as garantias de um acordo, que já expliquei.

Por fim, verifique quais são os indexadores de revisão do reajuste. O potencial de geração de renda também vai mostrar os rendimentos desse fundo em relação ao IFIX e ao CDI. Ainda não há tantas opções nessa classe de ativos, mas ela é atraente quanto à diversificação dos tipos de imóveis na carteira.

OUTROS FUNDOS DE TIJOLO

Até aqui, citamos os fundos mais comuns e os maiores do mercado; contudo, as subdivisões de classes de ativos contêm ainda outras atividades. Uma delas é a de agências bancárias, fundos que possuem categoria própria por suas características específicas, como a estrutura projetada para oferecer um ambiente amplo e seguro, como portas de vidro equipadas com travas. Devido às mudanças da estrutura bancária nacional, esses locais estão cada vez mais raros. Os bancos digitais estão substituindo os tradicionais, e as transações são feitas rapidamente do computador ou celular. Como resultado, as agências bancárias grandes e espaçosas, que antes abrigavam filas longas em dias de pagamento, estão perdendo a relevância. Embora o setor não desapareça completamente, uma vez que a internet não assumirá totalmente esse mercado, só as estratégias mais relevantes serão mantidas. Até para os bancos esse movimento é interessante, já que manter uma agência bancária é algo custoso, com muitos funcionários, gastos estruturais e segurança. E o que vai acontecer com esses imóveis e seus fundos após a despopularização das agências bancárias? O lado positivo é que se abre um caminho para novos negócios nesses imóveis. As agências normalmente são bem localizadas, o que já é uma vantagem muito grande. O que temos visto é esses locais se transformando em comércio de varejo, muitos hipermercados ou supermercados rápidos (aqueles modelos *express*, que as grandes marcas estão desenvolvendo agora) e lojas de departamento.

Os fundos, por sua vez, são integrados a outros fundos de varejo, como aconteceu com o SAAG11, fundo de agências do Santander que foi incorporado ao RBVA, tendo seus cotistas transferidos. Desse modo, o fundo SAAG11 deixou de existir. Acredito que a tendência natural é que esses fundos sejam extintos.

Outro mercado de fundos de tijolo é o de hotéis, que é essencialmente sazonal. Em qualquer localidade (com suas adaptações, é claro), haverá períodos de alta demanda por acomodações. Isso pode ocorrer durante feriados, datas especiais, festividades locais ou devido ao clima favorável: são muitos os fatores que atraem turistas para determinados locais. Isso quer dizer que haverá momento de alta, com ocupação total de leitos, e momentos de baixa, nos quais não haverá procura significativa. Esse fluxo interfere diretamente nos dividendos, já que o lucro está sujeito a variações bastante extremas.

O ramo hoteleiro foi bastante prejudicado durante a pandemia, já que o número de viagens foi consideravelmente reduzido, fazendo com que os fundos do segmento sofressem alterações. É importante destacar que a maioria desses fundos é focada em turismo empresarial, ou seja, hotéis usados por pessoas viajando a trabalho, atividade que foi igualmente afetada pela pandemia. Ainda assim, há a tendência de retorno de agora em diante.

Outro ramo incluso nos fundos imobiliários é o hospitalar. Esse, porém, é muito específico, começando pela estrutura do imóvel, que exige ambientes, distribuições e equipamentos específicos. Sua composição o torna um ambiente pouco flexível, já que é muito difícil que outro empreendimento possa aproveitar o imóvel sem uma grande reforma. O mais comum é que alguns imóveis fiquem abandonados por anos, como já foi visto até em áreas nobres da cidade de São Paulo. Outro fator que atrapalha esses fundos é o fato de eles serem, na maioria das vezes, monoimóveis e monoinquilinos, ou seja, o fundo contém apenas um imóvel e um inquilino. Há casos graves de inquilinos que não pagaram o valor do aluguel, deixando o fundo numa situação delicada. O caso acabou na Justiça e, como era de se esperar, o hospital foi privilegiado, já que é praticamente impossível que alguém mande um hospital remover toda sua estrutura e pacientes por inadimplência. O fator de risco, portanto, é alto.

Atualmente, uma área em destaque que passa por negociações e contratos mais simplificados é a educacional, principalmente as faculdades, que buscam imóveis de grande porte para acomodar salas de aula. Essa é uma condição que nem mesmo a pandemia pôde mudar, já que o regulamento do Ministério da Educação previa o retorno às salas de aula. O órgão ainda exige das faculdades certas estruturas, para que os cursos possam ser aprovados e mantidos abertos. Esses fundos podem ser classificados como multi ou monoimóveis; ou seja, podem abranger uma variedade de ativos disponíveis para as faculdades ou se concentrar em um único imóvel. Como entender se vale a pena? Vai ser preciso olhar individualmente o contrato, os ativos que pertencem ao fundo e os inquilinos. No caso de grandes grupos educacionais, por exemplo, com projeção de expansão, a confiança é maior. Algumas vezes, dependendo do curso que será oferecido no local, o imóvel precisará passar por algumas reformas para uma melhor adequação dos espaços, como é o caso de laboratórios ou bibliotecas.

Devem aparecer também alguns fundos ligados ao agronegócio, como galpões de armazenagem de grãos, uma área relativamente nova para esse mercado. A primeira recomendação, caso você esteja interessado nesses fundos, é observar o segmento em que o fundo está, já que o agronegócio é uma área bastante abrangente. Independentemente de onde esteja, o histórico vai pesar muito. Busque informações sobre aquela fazenda ou galpão antes do fundo: já existia ou foi criado pelo fundo? Se já existia e foi comprado, como era o desempenho e quem era o dono, quais as atividades desempenhadas ali? Depois da compra, quais foram os resultados obtidos pelo fundo? Essas perguntas vão ajudar a entender se a perspectiva daquele fundo é positiva, principalmente nessa área tão volátil.

Outra tendência é a dos fundos focados em *data centers*, que são áreas de apoio para os setores de telecomunicação. A verdade é que a armazenagem de informação será um recurso cada vez mais procurado, a prova disso é que o Brasil é o único país da América Latina a integrar o Data Center Magazine[22] que reúne os principais mercados em ascensão. A cidade de São Paulo foi incluída ocupando o 5º lugar. O tamanho dos *data centers* podem ser variados, e o que chama a atenção para o Brasil é o fato de possuir baixo risco de desastres naturais e a sua vasta extensão territorial.

Fala-se também da entrada do setor de entretenimento na área dos fundos imobiliários, como estádios, teatros e cinemas. Imagine que incrível investir no estádio do time do seu coração? A verdade é que, onde há um imóvel, pode existir um fundo. Em outros países, há fundos para ativos residenciais e até para cemitérios.

Outra categoria são os fundos de papel, que, basicamente, investem em dívidas atreladas ao mercado imobiliário. Atualmente, esses fundos são muito procurados, especialmente pelos dividendos atraentes e muito potencial de crescimento, porém têm critérios diferentes dos de tijolo e não podem ser avaliados da mesma forma.

Para começar, acho importante esclarecer quais são essas dívidas que servem como ativos. A maioria é chamada de certificados de recebíveis imobiliários (CRI). São títulos de renda fixa com lastro em créditos imobiliários. Eles representam um acordo de pagamentos parcelados previamente combinados de acordo com o fluxo de amortização. De uma

---

22. Fonte: https://conteudos.xpi.com.br/fundos-imobiliarios/relatorios/data-centers-oportunidade-de-investimento/.

forma bem básica, o fundo empresta dinheiro e depois recebe esse pagamento com taxas.[23] Caso ocorram problemas no pagamento, os imóveis servem como garantia da negociação. Os retornos dos CRIs costumam ser altos e mostram melhor desempenho do que os fundos de tijolo durante alta da inflação e da Selic. O CRI tem um prazo de duração e uma taxa pré-determinada (características da renda fixa). A melhor forma de estar exposto a um CRI é um fundo de papel.

E como funciona o CRI na prática? Vamos supor que exista um proprietário de um imóvel e ele alugue esse espaço para uma empresa. Em certo momento, ele deseja modernizar o local, com o objetivo de aumentar a área bruta locável ou o valor do aluguel cobrado. Só que o proprietário não quer usar o próprio dinheiro ou não possui esse fundo. Ele vai até uma securitizadora, uma empresa que compra dívidas e transforma-as em fundos imobiliários. Ele pega 5 milhões de reais emprestados, os quais a securitizadora transforma em CRI. Esses, por sua vez, são vendidos a outras empresas como ativos em um fundo imobiliário. O dinheiro é emprestado pelo fundo ao dono do imóvel, mas a entrada mensal de aluguel é entregue não ao proprietário, mas ao fundo de papel e, no final da jornada, aos cotistas. Além disso, no final, o fundo vai receber os 5 milhões de volta mais as taxas combinadas, que dependem do risco da operação: quanto maior o risco, maior a taxa. A garantia dada

---

23. Fonte: https://conteudos.xpi.com.br/aprenda-a-investir/relatorios/o-que-e-cri/.

pelo proprietário é de alguns imóveis, uma amostra de que ele vai quitar a dívida.

Os fundos de papel possuem métricas próprias que precisam ser analisadas. A primeira delas é a *loan to value* (LTV, ou empréstimo para avaliação). Representa o valor total da dívida dividida pelo valor total da garantia (dos vários imóveis, por exemplo). Esse valor é multiplicado por cem para chegar à porcentagem que representa a dívida. Quanto menor o LTV, mais segura é a dívida, porque a garantia é grande.

Lembra do *rating*? Nós vamos usá-lo agora para avaliar o risco de um fundo. Quanto mais próximo de A (AAA, AA, A), melhor. Resultados B ou C demonstram um risco grande na operação e a possibilidade de um retorno menor. Não é obrigatório informar *ratings* em relatórios, portanto essa não é uma informação que você vai sempre encontrar. Os fundos de papel possuem alguns riscos, como o de crédito, da falta de pagamento dessa dívida. Nesses casos, é preciso acionar a Justiça, para que a dívida seja paga. É comum o fundo fazer todo o possível para a dívida ser paga, porque esperar o processo se completar, pegar o imóvel dado como garantia e vendê-lo (ou mais de um) para conseguir "compensar" o valor da dívida é muito trabalhoso e pode demorar anos. Também recomendo que você fique de olho no alto P/VP, porque ele pode prejudicar seu rendimento.

Dito isso, existem vantagens nos fundos de papel? Sim, várias. A primeira é que nesse cenário a vacância não é um problema muito comum, porque não se trata de um imóvel que, de repente, pode ficar vazio. Em segundo lugar, são fundos com alta diversificação, já que podem incluir uma grande quantidade de CRIs sem dificuldades. Quanto maior a diversificação, melhor, pois significa que o esse fundo é mais seguro. Os fundos de papel também possuem um DY maior do que os de tijolo. Analisando os relatórios, é provável que você se depare com DY acima de 1%, um valor considerado altíssimo.

Para avaliar um fundo de papel, portanto, observe a carteira de ativos, o *rating* ou LTV dos CRIs, a diversificação entre os indexadores, o gestor e a capacidade da renda gerada. É interessante que a carteira contenha um mix de CRIs, com taxas, emissores, vencimentos e indexadores diferentes. A média do LTV demonstra o grau de risco — quanto menor esse número, mais segura a operação. Ter um dado médio, próximo ao 50, é bastante interessante, porque são várias dívidas diferentes na carteira. Normalmente, se o LTV é fornecido, não há *rating* nesse relatório, e vice-versa, porque ambos representam métricas que mostram a segurança da operação.

A variedade de indexadores nos CRIs também é um ponto positivo. Quando tudo está atrelado a um único indexador, não há equilíbrio durante as altas e baixas desses índices. Por exemplo, se o IGP-M cai e esse é o único indexador utilizado, seu fundo vai cair junto. Se há vários indexadores de referência, o fundo faz compensações em momentos de variações negativas e positivas. Para saber quando comprar, vender ou manter um fundo de papel, é preciso usar a técnica P/VP, na qual vamos nos aprofundar mais adiante. Apesar de esse ser um fundo com perfil mais arriscado, é possível tê-lo nas carteiras mais conservadoras. A diferença é que ele vai aparecer em menor porcentagem nesses casos, enquanto os arrojados terão mais cotas desse segmento de fundo.

Há algumas páginas, mencionei que, para a Anbima, há dois tipos de fundo: de renda e de desenvolvimento. Até agora abordamos apenas os fundos de renda; agora, vamos tratar dos **fundos de desenvolvimento**, que são bastante diferentes e talvez por isso ainda tenham pouquíssimas opções no mercado — eles exigem conhecimentos e práticas características do administrador e do gestor.

O foco desses fundos é a construção de imóveis para posterior venda, o que corresponde a todas as etapas do processo, desde a compra e o preparo do terreno, a compra do material e a contratação dos profissionais responsáveis pelo projeto e pela obra, o acabamento, a venda para o consumidor final, até a entrega das chaves. Após a venda, o lucro é distribuído aos cotistas.

Esses casos são mais comuns em imóveis residenciais, e, como é uma atividade muito específica, não é tão fácil de avaliar quanto os fundos anteriores. O que acontece é que esses fundos estão sujeitos a uma série de fatores que podem torná-los mais vulneráveis, como crises econômicas que deixam o mercado menos aquecido ou aumentam o preço do material de construção, problemas na obra ou na documentação que causem atrasos e até embargos. Porém, aquela regra máxima se aplica aqui: como o risco é maior, o retorno também tende ser mais alto.

Os dividendos nesses fundos são muito variáveis. Em um mês, todos os imóveis podem estar em fase de construção, portanto, não gerarão renda; já em outro mês, é possível receber uma grande soma de dinheiro devido a múltiplas vendas realizadas de uma só vez. Esse fluxo é muito comum nesse tipo de fundo, então é preciso estar atento e preparado para isso. Contudo, eu não diria que é um fundo dispensável, como outros que citei anteriormente. Considero uma proposta interessante incluir esses fundos na carteira, compondo um mix de segmentos diferentes que oferecem resultados diversificados. Essa estratégia irá motivá-lo a estudar especificidades de cada fundo e, consequentemente, compreender o funcionamento deles em seus respectivos setores.

Caso você opte por ter fundos de desenvolvimento, é preciso prestar atenção à carteira, à diversificação geográfica, ao retorno histórico e ao trabalho da gestão. Nessas carteiras, é normal ter mesclado recebíveis, renda fixa (provavelmente como reserva de emergência), CRI e o que chamamos de *equity*, que são os empreendimentos em desenvolvimento. Quanto à diversificação geográfica, é importante considerar onde o fundo possui empreendimentos; quanto mais locais, melhor. Por quê? Em caso de crises locais, outros estados podem servir de compensação, além de possibilitar movimentações da economia regionais e até aproveitar incentivos governamentais específicos para a construção.

A rentabilidade é alta, porque possui o perfil de risco maior, então costuma estar descolado de índices como IFIX e Ibovespa. Por se tratar de um segmento em expansão, essa pode ser uma boa oportunidade de estudar e compreender o potencial desse tipo de fundo. Assim, caso faça sentido na sua estratégia de investimento, adicionar desde já e surfar na onda quando esse segmento começar a apresentar grande desenvolvimento e captar o interesse da maioria dos investidores do mercado de fundos imobiliários.

ENTENDENDO O CICLO IMOBILIÁRIO

Assim como em qualquer outra atividade econômica, o mercado imobiliário passa por diversas fases, alternando entre quedas e altas. O conjunto dessas fases é o que chamamos de *ciclo imobiliário*. Compreender as possibilidades nesse sentido, permite que você ajuste sua estratégia de tempos em tempos, conforme os movimentos do mercado. Isso também é importante para que você possa decidir pela compra de fundos que estão em baixa, mas que possuem potencial e previsão de crescer, assim como entender o movimento de superoferta de um fundo.

Você pode encontrar o mercado imobiliário em quatro fases diferentes: recuperação, expansão, superoferta e recessão. Na fase de **recuperação** não ocorrem novas construções nem compras de ativos, e a taxa de vacância dos ativos existentes entra em declínio. Isso significa que o mercado está prestes a recuperar a capacidade de rendimento que possuía anteriormente. Essa fase ocorre logo depois de uma crise, dessa forma há um forte anseio por uma melhora na situação. Embora exista um clima de esperança, ainda há uma dose de desconfiança por causa da baixa recente.

Na fase de **expansão**, a vacância ainda está em queda e há novas construções acontecendo, o que indica um crescimento ainda maior em breve. Quem estuda o mercado sabe surfar a onda desde a fase de recuperação, entendendo quais ativos são os de maior potencial e comprando-os antes do início da subida, para posteriormente aproveitar a valorização. Na fase de **superoferta**, há muitas novas construções acontecendo e a vacância começa a aumentar. O pessimismo toma conta antes de ser iniciada a próxima etapa do ciclo.

Na fase de **recessão**, há muitas propriedades renovadas, mas a vacância está alta. O pânico costuma ser um sentimento frequente nessa etapa, então são reduzidas as construções, o que abre a oportunidade para que o ciclo recomece a partir da fase de recuperação.

Um ciclo imobiliário completo pode demorar de meses a anos para acontecer, dependendo da estabilidade do mercado e da situação econômica. Em um cenário econômico mais forte e ascendente, com consumo e crédito amplificados, é provável que esse ciclo leve menos tempo do que em momentos de crise, quando a busca é baixa. É importante falar que a avaliação deve ser feita de acordo com os segmentos, e não com o mercado como um todo. Por exemplo, o segmento de galpões imobiliários pode estar em fase de expansão, enquanto o de agências imobiliárias está em recessão.

Esses ciclos estão normalmente ligados a sensações gerais do mercado, as quais podem ser facilmente identificadas especialmente a partir da cobertura da mídia. Além do pessimismo já citado durante a fase de superoferta, é comum haver certo pânico por parte de investidores durante a recessão, antes de chegar ao momento da aceitação, quando o mercado compreende o ponto em que se encontra e decide seguir com o necessário até sentir o alívio com a fase de recuperação. Essa etapa também é de muito otimismo, e à medida que a fase de expansão se aproxima, traz excitação e vibração. Esses sentimentos do mercado são muito expressivos e nos ajudam a entender as fases do ciclo. Para ficar bem claro, após a pandemia, os shoppings estão em crise, na fase de recessão, porém a estimativa é que em breve eles entrem em fase de recuperação. É um cenário diferente dos já citados galpões logísticos, afinal, estes estão em plena expansão, com muita procura e muitas construções acontecendo.

O melhor momento para qualquer compra é durante a recessão, porque os preços estão mais baixos e você vai ter o ciclo completo de valorização. Isso significa que você não deve comprar nas outras fases? Se você for experiente e tiver uma estratégia muito clara, entendendo o que aquele fundo pode trazer no curto e longo prazo, você pode comprar em outras fases. Para os iniciantes, eu sugiro se ater ao ciclo imobiliário. É importante salientar que determinado momento econômico pode ter impactos diferentes para segmentos diferentes.

DIVERSIFICAÇÃO

É provável que você escute de muita gente que ter uma carteira apenas de fundos imobiliários seja uma ideia furada, já que apenas a diversificação de tipos de ativos garante a segurança e evita grandes quedas de uma só vez. Mas a pandemia nos mostrou que isso não é verdade, já que a crise sistemática afetou todas as áreas. É possível encontrar nos fundos imobiliários variedade suficiente para ter uma carteira diversificada sem ter de abrir mão da renda passiva mensal nem fazer o acompanhamento diário próximo, como é o caso das ações. A menor volatilidade e a fácil compreensão tornam os fundos imobiliários ótimas opções, mas eles realmente funcionam e trazem o máximo de retorno possível para você quando são diversificados, com propostas diversas e estratégias interessantes.

Além disso, a diversificação é a grande chave para se precaver ao máximo diante de crises, grandes ou pequenas. Vou dar um exemplo prático que vai ajudar você a entender bem rápido. Vamos supor que em março de 2019 a sua carteira era composta por 70% de fundos de salas comerciais. Esse era um setor que você gostava muito e que mostrava grande potencial de expansão. De repente, chegou a pandemia, acompanhada por uma crise grave. As empresas foram forçadas a adotar o trabalho remoto, e por corte de custo, muitas delas devolveram seus espaços físicos (e não retornaram). Essa situação trágica impactou diretamente a sua carteira, e você, que tinha ali uma alternativa para receber dividendos e fazer uma graninha extra, se viu sem sua segunda fonte de renda.

Essa é uma situação extrema, é claro, mas felizmente o cenário pandêmico é raro, porém outras crises menores poderiam também ter efeitos negativos em uma carteira de investimento pouco diversificada. Portanto, a diversificação é uma ferramenta para se proteger de crises e flutuações no mercado de fundos imobiliários.

Existe uma tentação muito grande, especialmente para os iniciantes, de jogar a maior parcela dos aportes no que está apresentando melhores resultados e devolvendo mais dividendos no momento. Assim, ele monta uma carteira só de fundo imobiliário de papel, algo de alto risco, porque é o que está valendo mais a pena. Só que a inflação que estava contribuindo para essa alta entra em queda, o que também afeta os rendimentos.

Falo com frequência que permanecer nos limites de 10 a 15% de um fundo que parece interessante para você é a melhor decisão, caso já seja experiente. No começo, o ideal é não tender para nenhum dos extremos dos perfis: nem ser muito conservador, nem muito arrojado. É o que a gente chama de *perfil moderado*. Essa carteira vai oferecer o melhor dos dois mundos: a segurança e a estabilidade encontradas nos fundos de tijolo maiores e mais tradicionais — perfil conservador, e a rentabilidade potencialmente mais elevada dos fundos de papel, que são teoricamente mais arriscados — perfil arrojado. Nesse caso, o segredo é não deixar que os fundos de papel sejam majoritários, então uma proporção confortável seria de 70% nos fundos de tijolo e 30% nos de papel, variando opções dentro dessas categorias. Essa distribuição vai dar bons resultados, sem colocar em risco o seu patrimônio, e ainda vai ajudar na adaptação ao mundo dos fundos imobiliários.

A partir daí, conforme você for ganhando mais segurança e familiaridade, pode guiar sua carteira para o caminho que achar mais interessante. Se quiser algo mais conservador, pode diversificar mais nas áreas de tijolo; caso queira arriscar com um perfil agressivo, pode aumentar os fundos de papel e até pensar em algumas cotas de fundos de desenvolvimento. Só para reafirmar que um perfil pré-determinado e rígido não existe: eu, que tenho todo meu patrimônio investido em fundos imobiliários, ainda tenho uma divisão da carteira numa proporção semelhante ao 70/30 que citei acima. Também enxergo esses investimentos como algo para desfrutar futuramente; não faço uso deles agora, então investi em alguns fundos que têm potencial e que acredito que entrarão em fases de expansão agora.

A boa notícia é que a expansão do mercado facilita a personalização cada vez maior da sua carteira. Falando apenas em números de fundos, vimos passar de 156, em dezembro de 2017, para 400 fundos em 2023. Esse crescimento mostra o interesse do mercado nos fundos imobiliários nos últimos anos e o potencial da área. Eu garanto que esse número aumentará daqui em diante, e novas opções de tipos de fundos aparecerão.

Ao procurar um fundo imobiliário, é importante se ater a diversos critérios, mas o preço não é um deles. O valor de uma cota não indica a qualidade dele ou a garantia de retorno. Esse é um erro básico para muita gente. Tem quem opte por cotas de 300 ou 400 reais, contando que o dividendo será maior do que em fundos cujas cotas custam 11 reais. Isso provavelmente vai dar errado e levar à frustração — afinal, são outros fatores que indicam o retorno do dividendo.

Na verdade, o valor da cota tem muito a ver com a estratégia do gestor para liquidez. Por exemplo, se um fundo tem cotas que custavam 100 reais e o gestor decide mudar o valor para 10 reais, é porque ele quer que o fundo tenha liquidez, ou seja, mais negociações feitas num dia, além de aumento do fluxo de dinheiro e, provavelmente, dos dividendos.

Existem pontuações de risco para os fundos. Por isso digo que qualquer investidor consegue adequar seu estilo aos fundos imobiliários disponíveis. As necessidades dos mais conservadores aos mais ousados são levadas em consideração.

Vamos montar juntos os perfis a seguir, e você vai entender exatamente como elaborar as porcentagens de cada tipo de fundo para que sua estratégia esteja alinhada aos seus objetivos. É importante ressaltar também que os seus objetivos podem mudar. Hoje, não sou casado, nem tenho filhos, então minha estratégia é de determinada forma. Mas, se depois de um tempo, eu resolver ter uma família, é provável que precise rever minha estratégia, para que ela esteja em sintonia com minha nova realidade. Mesmo que você tenha começado seu caminho nos fundos imobiliários com um objetivo em mente, ele não precisa ser o mesmo para sempre — afinal, ninguém passa a vida toda sem mudar.

PERFIS DE INVESTIDORES

Mesmo falando apenas de uma carteira ou majoritariamente de fundos imobiliários, podemos dizer que há diferentes perfis possíveis ao se montar uma estratégia. E isso tem muito a ver com o que estamos buscando. Por exemplo, vamos supor que você deseje chegar aos 60 anos recebendo 7 mil reais de dividendos (essa é uma suposição bastante aberta, um cálculo por cima, porque sei que as pessoas costumam gostar de previsões, mas seria importante refazer as contas com mais exatidão se esse for de fato seu objetivo), um valor próximo ao da previdência pública hoje. Eu diria que, dependendo da carteira, é necessário ter investido um valor de 700 mil a 1 milhão de reais. Claro que o objetivo pode ser ajustado ao estilo de vida de cada um. Se os seus gastos hoje forem muito superiores a 7 mil por mês, repense o valor, afinal, é ilusão achar que esse valor vai diminuir com o tempo — na verdade o custo tende, a aumentar. Talvez, com 60 anos, você tenha filhos muito jovens, que ainda vão depender de você para pagar escola, alimentação, plano de saúde. Nesse caso, 7 mil reais por mês pode ser um valor baixo pensando no futuro.

Agora, se você tiver essa perspectiva para daqui a 30 anos, é possível que você escolha uma carteira mais conservadora. E o que é um ativo imobiliário conservador? Normalmente, quer dizer investir em fundos com administração e gestão bastante conhecidos e experientes, cujo risco é reduzido. Outro ponto importante de citar é que alguns tipos de fundos performam de forma mais segura e são mais desejáveis para esse perfil.

Um fundo que reúne dívidas imobiliárias deve ser mais arriscado de comprar, mesmo que ele prometa dividendos maiores. Muitas vezes, para quem está iniciando, o olho brilha diante de um fundo novo, pequeno, com prospecção boa e muita oportunidade de crescimento, mas há muitos fatores que influenciam no desenvolvimento desse fundo. É preciso considerar a experiência do time gestor, os ativos reunidos ali, as perspectivas de mercado. Esse tipo de atitude mais ousada só é recomendada depois que você tiver bastante informação para tomar a decisão de forma consciente, já que a previsão indicada nos relatórios pode não se cumprir. Nesse caso, prefira um fundo mais tradicional e estável, com bastante tempo de mercado, para que possa ter certeza de onde está pisando ao ter acesso ao histórico.

É aí que entra o investidor. Geralmente, quem busca fundos imobiliários entende que há um retorno mensal e pode escolhe reaplicar esse valor, fazendo seu patrimônio se multiplicar exponencialmente. Outras pessoas podem escolher outros destinos para esse valor. De qualquer forma, o fundo é um investimento mais estável e seguro.

Eu não gosto de delimitar o número de fundos numa carteira, porque não há uma regra. Acho que isso depende muito da estratégia da pessoa e de suas avaliações e apostas. Contudo, para facilitar para quem está começando, existem alguns parâmetros que podem ser interessantes.

Primeiro, o número de fundos tem mais a ver com a sua capacidade de acompanhar a sua carteira do que com aquilo que os fundos podem te oferecer. O que eu quero dizer com isso? Se você é uma pessoa ocupada ou que não adicionou ainda à sua rotina o hábito de estudar e avaliar os fundos, é melhor optar por uma carteira mais enxuta. Um maior número de fundos significa mais relatórios gerenciais para ler, mais cenários para pesquisar e mais decisões a tomar. E tudo isso demanda tempo e vontade, ou seja, quem só tem tempo para olhar sua carteira uma vez por mês, quando chega o relatório gerencial, não vai dar conta. Nesse caso, sugiro algo como cinco a sete fundos.

Agora, se você está empenhado em tornar os fundos imobiliários uma parte significativa da sua vida financeira e, para isso, se propõe a estudar e tirar um tempo para análise de contextos, dá para ultrapassar os dez fundos. A diversificação também deve ser adaptada para cada perfil; afinal, não adianta ter uma carteira muito grande, com vários ativos diferentes, se você não consegue acompanhar o mercado nem adaptar sua estratégia de tempos em tempos.

COMO AVALIAR SEU GESTOR

O gestor da carteira pode ser uma pessoa física e jurídica. Ele é responsável pela compra e venda de ativos para o fundo, como falei rapidamente antes. O gestor tem grande responsabilidade, porque ele precisa estar sempre a par dos movimentos do mercado, tomando as decisões que vão trazer mais benefícios para o fundo. Para isso, deve acompanhar índices, perspectivas de retorno e liquidez e estar sempre de olho no regulamento do fundo. Também cabe ao gestor selecionar os intermediários que vão realizar essas operações no fundo. Um trabalho que impacta a vida de tantas pessoas exige experiência.

Eu digo que, quanto menor e mais recente é o trabalho de um gestor, mais difícil é avaliar se ele terá um bom desempenho à frente do fundo. Se estamos interessados num fundo e pensando em comprá-lo, é fundamental verificar os antecedentes do gestor. Se é uma pessoa ou um time de renome, com um histórico de ações, já é um fator positivo, que nos dá mais confiança. Quando falo de experiências, estou pensando em pelo menos três anos de legado para ser observado. Nesse período, é fundamental que o gestor tenha gerado fundos, dentro das possibilidades oferecidas pelo mercado, é claro. No caso dos últimos anos, com a pandemia, o mercado vivia uma situação muito específica, então é preciso levar isso em consideração na avaliação. Quanto mais iniciante for um investidor, mais interessante é buscar gestores com bastante experiência. Alguém que está há 10 anos nesse mercado vai saber guiar com mais embasamento os ativos que você escolher; além disso, ao observar as práticas de um gestor tão adaptado aos fundos imobiliários, você terá a oportunidade de aprender mais sobre a área.

Para mim, o bom gestor é aquele que entrega resultados, aquele que tem histórico limpo, que, por exemplo, nunca foi notificado pela CVM ou que nunca tenha tido um caso de confusão nos seus informes. Reputação é muito importante nesse mercado e é um fator de peso nas minhas decisões. Eu costumo fazer uma checagem de bastidores, olhar todos os fundos pelos quais aquele gestor é responsável. É importante que ele tenha feito aqueles fundos crescerem e conseguido fazer transparecer sua mensagem para o mercado. O que isso significa? Que as estratégias de seus fundos tenham dado frutos e que os relatórios gerenciais tenham sido fiéis ao que foi feito na prática, sendo possíveis de ser compreendidos até pelas pessoas mais leigas no assunto. Apesar da educação formal ser importante e um baita diferencial, não é o fator decisivo na tomada de decisão.

Hoje, os fundos que dominam o mercado são aqueles de gestões bem consolidadas. Por isso vemos grandes instituições financeiras, como o

Credit Suisse (um braço do Itaú) e a xp à frente de muitos fundos extremamente relevantes; essas instituições possuem respaldo no mercado. Há também alguns casos de gestores que atuaram por muitos anos nessas corporações e resolveram abrir suas próprias empresas de gestão. Provavelmente, eles têm ótimas experiências, mas isso não garante os resultados positivos, porque há alguns fatores que influenciam. Num fundo grande de um administrador igualmente grande, é muito mais fácil angariar fundos, algo que muda drasticamente em um fundo menor e iniciante, o que pode influenciar o trabalho dos gestores. O diferencial é a expertise e os contatos do gestor, assim ele consegue elaborar uma rede influente e construir um fluxo de entrada de dinheiro. Há alguns exemplos positivos nesse sentido atualmente, fundos com resultados expressivos sob a gestão de equipes recém-formadas por gestores com excelentes experiências anteriores. Ainda assim, recomendo para os iniciantes o feijão com arroz.

Mesmo tendo escolhido, a princípio, um gestor que se encaixe em todos esses requisitos e que passe confiança, avaliações constantes são fundamentais. Um dos meios de manter essa análise contínua é acompanhar os relatórios gerenciais. Esses documentos contêm muitos dados, mas também um comentário do gestor, que faz uma avaliação do próprio trabalho e compartilha as motivações das suas decisões. Quanto mais sincero, claro e bem escrito for esse relatório, melhor o gestor. Se, em algum momento, você sentir que o relatório está diferente, com tom ou informações que chamem a atenção, pesquise qualquer mudança e verifique se os dados batem. É um alerta de que a gestão pode ter mudado ou adotado uma estratégia menos compatível com a sua.

COMO LER O RELATÓRIO GERENCIAL

Pode parecer absurdo, mas não é obrigatório que o gestor emita relatórios gerenciais. Ainda assim, os fundos mais sérios, que entendem a importância do investidor estar a par das negociações e dos caminhos do fundo, entregam mensalmente uma avaliação com comentários. Como eu disse, o comentário do gestor que aparece no início de cada relatório é, para mim, o mais importante dos trechos do documento. É ali que qualquer termo ou decisão mais técnica é explicada e você entende se a estratégia ainda é compatível com seus interesses.

O relatório costuma ser muito intuitivo e fácil de entender. Aliás, se não for, este é o primeiro indício de um problema com o fundo e o gestor. Se a pessoa à frente do fundo complica demais a linguagem, tornando a estratégia difícil de entender para quem é mais leigo ou até escrevendo observações que não parecem em sintonia com o cenário atual, acenda seu alerta vermelho. Olhe com mais cuidado para o relatório e para o fundo, e busque indícios de que ele é uma opção segura para investir e que ainda faz sentido para você.

Eu recomendo, no começo, ler tudo, pesquisar o que não entender e não pular qualquer palavra que deixe dúvida. Com o tempo, você não vai precisar analisar tão a fundo cada item e vai conseguir fazer essa leitura mais rapidamente. O comentário do gestor é um item importante que deve sempre ser analisado com calma, mas há algumas informações ali que vão se repetir com frequência, a não ser que o fundo tenha passado por compras e vendas de ativos.

E o que significa ler tudo? Bom, no mês a mês, aparecem as principais informações do que ocorreu no período. Alguns fundos, geralmente os de menor risco, possuem poucas alternações de um mês para o outro, então, se você comparar os relatórios, vai perceber que eles acabam se repetindo. Apesar disso de tempos em tempos, é possível que o fundo resolva vender ou comprar um ativo; nesse caso, estarão descritos ali toda a estratégia, a justificativa para essa movimentação, os valores esperados, a perspectiva de lucro e o impacto de tudo isso nos dividendos. O gestor precisa ser bem descritivo nessa hora, porque ele está tomando decisões que envolvem o dinheiro dos outros.

Além desse acompanhamento mensal (que pode ser até tedioso, mas é importante para se familiarizar com os termos e com a linguagem), recomendo uma avaliação profunda a cada seis meses. O semestre deve ser seu ponto de virada, para questionar sua estratégia e olhar os resultados colhidos. Eles correspondem ao que você esperava e precisava? Se você entender que alguma coisa saiu do trajeto definido inicialmente, esse é o período para pensar na venda de ativos e, possivelmente, na compra de outros. Só não tome a decisão de forma impulsiva. Entenda se a venda vai gerar algum lucro (lembrando que, nesse caso, é cobrado um imposto de renda), se o fundo pode cair ainda mais ou se há chances de recuperação. Nesse sentido, tente encaixá-lo em alguma fase do ciclo imobiliário antes de tomar a sua decisão — preste atenção, pois em alguns relatórios aparece a descrição da fase em que aquele fundo está. Isso significa que, nesse caso, você não precisa descobrir sozinho. Quanto mais embasada for a resolução, mais confiante você estará para lidar com o resultado, mesmo que seja uma perda.

Vamos destrinchar os relatórios ainda mais para entender o que deve ser analisado com atenção. Como eu já citei, o primeiro e mais importante elemento é o comentário do gestor, tanto que ele fica logo na capa do relatório. Ali, ele faz um resumo de tudo que está acontecendo dentro do fundo e das perspectivas para o futuro. É como uma grande justificativa, com muitas referências e argumentos, para os caminhos seguidos. No restante do relatório, aparece a carteira, os diferentes ativos e as respectivas proporções, além dos contratos. Todas aquelas informações que citamos anteriormente estão nesse documento.

Esses números por si só não valem nada. O importante é você conseguir avaliá-los com base nos dados do mercado, da economia e do cenário em que o segmento se encontra. Depois de avaliar o comentário do gestor, eu costumo avaliar esses números, ainda que superficialmente, se considerarmos um cenário de poucas mudanças. No caso de um fundo de papel, observo quais são os imóveis, onde estão localizados, como são os contratos estabelecidos, que tipo de inquilinos possui, qual é a taxa de vacância. Também paro para observar o balanço financeiro, se o fundo está gerando receita e se tem caixa. Por meio desses dados, você pode avaliar se os dividendos distribuídos estão compatíveis com a receita do fundo; nesse caso, a incompatibilidade indica que, em breve, os dividendos devem cair. Então você precisa interpretar esse dado, juntando ao que leu no comentário do gestor, e entender o motivo.

Às vezes, a venda de um ativo rende dividendos mais altos, mas a baixa deles também deve estar prevista na sua estratégia. Caso não esteja, considere vender o fundo — não antes de fazer o estudo que citei anteriormente; afinal, é com o seu dinheiro, sonhos e futuro que você está mexendo. Qual é a expectativa de geração de renda desse fundo? Um bom jeito de analisar esse critério é por meio de comparativos. Compare o relatório do fundo de interesse com o relatório de outro fundo do mesmo segmento — por exemplo, ambos são galpões logísticos, e, se possível, com mais algumas opções de fundo. Depois, olhe para o mercado. A métrica P/VP vai dar a maioria das suas indicações (não respostas, pois essas são multifatoriais). No próximo capítulo, vamos entender melhor como usar essa fórmula para nosso ganho.

Embora descrever esses passos seja algo bastante objetivo, executá-los pode levar algum tempo, especialmente para quem está começando.

Se você tem uma carteira com cinco a sete fundos, é provável que gaste cerca de uma hora no mês fazendo essas avaliações — isso se for alguém que já fez cursos, leu sobre o tema e tem conhecimento para interpretar e entender o que está escrito no relatório gerencial. Conforme o crescimento da sua carteira, o tempo de dedicação vai aumentando.

Outro dado importante que pode surgir nos relatórios dos seus fundos (especialmente nas avaliações semestrais) é a taxa de performance ou de sucesso, como também é conhecida. Assim como outras taxas, ela deve estar descrita na parte de contratos. Diferentemente da taxa de gestão e administração, que são pagas todo mês, a taxa de performance é paga semestralmente se estiver descrita no regimento, o documento de criação do fundo. Essa taxa é oferecida aos gestores pelo seu desempenho, quando eles superam alguma meta estabelecida, conhecida como *benchmark*[24]. Apesar de caber ao fundo quais serão os indexadores de referência para essa meta, os mais comuns são o CDI e o Ibovespa.

Antes de passar para a próxima questão, vale ressaltar que, na maioria dos casos — e falo isso por experiência própria —, o que causa muito impacto em um fundo imobiliário costuma ser reflexo do contexto. Poucas vezes é resultado de algo absurdo feito pelo gestor. Sei que é muito traumático e assustador perder o dinheiro que custou tanto a ganhar, mas um medo muito grande e qualquer reação impulsiva podem ser

---

24. Fonte: https://www.suno.com.br/artigos/taxa-de-performance/.

piores. Para ser um investidor, é preciso aceitar que haverá perdas. Elas podem não ser altas ou constantes, caso você seja muito conservador e opte por baixíssimo risco, mas a verdade é que ninguém passa incólume. Você vai se propor a fazer o máximo para reverter esse resultado; contudo, ocorrem situações em que precisamos engolir esse sapo, aceitar e ir adiante para buscar novas oportunidades.

Alguns fundos vão ser pedras no seu sapato, vão incomodar com suas quedas sucessivas e mudanças de dividendos. Talvez você até cometa algum erro de avaliação nesse processo, mas não é hora de ficar apontando o dedo. Se você já identificou seu erro, aprenda com ele e siga em frente. Há muito dinheiro ainda para ganhar. E, se você estiver pronto, chegamos à etapa da prática. No próximo capítulo, você vai entender os primeiros passos para fazer aportes e para montar uma carteira da qual você vai se orgulhar e que vai lhe render mais alegrias do que tristezas.

CAPÍTULO 3

COLOCANDO EM PRÁTICA

Eu já defendi aqui e reitero: investir não é algo que se aprende só nos livros para depois praticar — da mesma forma que eu não recomendo colocar todo seu dinheiro de uma vez em ações ou fundos sem nunca ter estudado o mercado. *Esse equilíbrio entre teoria e prática é uma forma de assegurar seus bens e entender quais são seus limites para perdas;* afinal, não dá para um investidor achar que vai ganhar sempre. O fluxo do mercado é de altos e baixos, por mais estável que seja um ativo. Estudando o método ONTC ou lendo este livro e se dedicando com uma boa média de horas a compreender e analisar o mercado, é provável que em dois meses você consiga dar seus primeiros passos firmes pelas terras dos fundos imobiliários.

O período da prática é muito importante. É ele que vai consolidar seus aprendizados e revelar os verdadeiros desafios. Dito isso, saiba que você nunca vai se sentir 100% certo ou seguro das suas decisões; portanto, essa é uma área que exige um certo gosto pelo risco. Mesmo através dos anos, essa sensação não passa. O Warren Buffett, um dos maiores investidores do mundo e um guru das finanças, tem uma frase muito verdadeira que serve de apoio nessa empreitada pelo mercado: "Setenta e cinco anos se passaram desde que eu comprei minha primeira ação, e eu nunca soube o que vai acontecer no mercado no dia seguinte". Isso significa que você não deve se deixar levar pela ideia de que uma hora o mercado vai ser um lugar tranquilo e compreensível.

Aí está justamente a mágica de trabalhar nesse ramo: observar com curiosidade as reações, as respostas, e tentar se adequar, adaptando sua estratégia com a maior efetividade possível. Isso exige inteligência emocional e certa resistência às decepções — aquela casca dura para aguentar as oscilações. Há quem diga que investir, seja em qual mercado for, é só uma questão de técnica. Eu discordo. O psicológico conta demais. É ele que vai impedir você de desistir quando as coisas ficarem difíceis e de se achar invencível quando você ganhar. Não ter seu *mindset* bem construído faz com que sua mente se torne sua maior inimiga e permite que você se sabote.

Quando a gente começa algo novo, é natural que criemos expectativas. Com os fundos imobiliários, ainda existe o estímulo de ver o dinheiro chegando logo no começo e o vislumbre de uma vida em que você possa ter seus bens trabalhando a seu favor, trazendo mais possibilidades de conforto e de construção de uma realidade confortável.

No entanto, o que acontece é que as coisas não se desenvolvem no ritmo esperado. Como o investimento inicial não costuma ser tão alto, os dividendos são de centavos ou poucos reais. Isso vai gerando frustração, e a primeira barreira encontrada faz muita gente se desiludir. Tem até quem abandone os investimentos. O que fazer para ser mais resiliente e aguentar esses períodos desafiadores?

A primeira coisa que eu sugiro — e que fará toda a diferença na sua vida — é que você *não fique se comparando aos outros*. As pessoas são diferentes, têm planos e projetos distintos e saem de contextos diversos; sendo assim, é injusto você querer se diminuir por não ter alcançado o lugar de outro.

Isso acontece bastante nessa realidade de redes sociais. Não é apenas com os investimentos, a gente costuma se comparar de modo geral. Queremos entender por que o outro tem aquela casa ou consegue viajar tanto, enquanto nosso dinheiro é limitado às contas e obrigações, por exemplo. Só que você não tem o panorama completo, não sabe se aquela casa bonita foi deixada de herança ou se foi comprada com ajuda de alguém. Às vezes, a casa é financiada e uma grande dívida no orçamento do outro.

Devemos tomar muito cuidado com essas aparências criadas pelas redes sociais, pois elas não podem se tornar um gatilho contra você mesmo e suas conquistas. Você precisa ser sua maior referência. E o que eu quero dizer com isso? Crie um verdadeiro sistema de acompanhamento das suas próprias métricas. Faça uma planilha mostrando diversos resultados e celebre as pequenas vitórias, as evoluções e os crescimentos conquistados com muita coragem e experiência. Se sua carteira mostra crescimento de dividendos mês a mês, você tem que se parabenizar, porque já está no caminho correto e mostrando ótimos resultados.

Outra coisa que precisamos ter em mente é que é impossível escapar daquele ciclo imobiliário que vimos no capítulo anterior. *Os altos e baixos vão acontecer, você querendo ou não.* Tivemos uma grande prova coletiva disso com a pandemia. Era algo que não esperávamos e que, não bastasse o fator surpresa, durou muito mais do que o previsto inicialmente, trazendo consequências no longo prazo. Até hoje estamos tentando compensar o que começou a desandar lá em 2020. E aí, num cenário desses, a gente não pode ficar desestimulado nem desesperado.

As crises acontecem, assim como os períodos de otimismo. Vamos pensar naquilo que falamos sobre os momentos de queda da Selic. A bolsa se valoriza, e é criado um otimismo em torno dos ativos variáveis. Mais gente compra esses ativos, mais dinheiro entra em jogo, e eles se valorizam ainda mais. Quando o jogo inverte, a renda fixa torna-se a bola da vez, e ouvimos falar bastante no Tesouro Direto, por exemplo. Dá para ganhar dinheiro em ambos os momentos? Sim. Mas não é isso que importa, e sim a construção do seu patrimônio no longo prazo.

O bom investidor vai aproveitar uma "crise" para comprar ativos que estão com valor menor na bolsa. Esse é um olhar voltado para o futuro, ou seja, ele está pensando que o cenário vai pender para o outro lado logo e, assim, vai aumentar os próprios ganhos. Na teoria parece fácil, mas na prática não é, sobretudo porque não é exatamente natural ver seu patrimônio caindo e manter a calma, é totalmente contraintuitivo. *É aí que entra a importância de o racional e o emocional estarem pactuados um com o outro* — um pacto pelo seu sonho de se aposentar antes, de ter dinheiro para investir num negócio, de proporcionar alguma experiência aos seus filhos, e assim por diante.

Tenha em mente, porém, a nossa máxima: *o investidor de fundos imobiliários deve ter como objetivo comprar melhores ativos no menor preço possível*. Nós, como acumuladores de ativos — porque quanto mais cotas, mais renda passiva é gerada —, temos a função de perseguir esse menor valor para construir o patrimônio ao longo do tempo. A oscilação é prazerosa? Não, mas é algo que você aprende a lidar com a prática. E por prática eu quero dizer, pelo menos, 12 a 24 meses investindo todo mês, dedicando tempo para entender melhor a bolsa e aprendendo a fazer escolhas com mais convicção.

Quando fico mais receoso, eu me lembro do histórico da bolsa até aqui. Tudo que ela quer é crescer, e faz um grande esforço para isso. Mesmo com altas e baixas, olhando para um panorama macro, é fácil ver que a nossa bolsa só cresceu e que está trabalhando para continuar assim; portanto, nas baixas, algo será feito (às vezes muito mais de uma atitude) para que o movimento geral siga ascendente e a bolsa siga se fortalecendo e em constante evolução.

Agora eu vou falar uma coisa que pode chocar muita gente, *a bolsa de valores ou as finanças têm mais a ver com o psicológico e o emocional do que com conhecimento e dinheiro*. Não acredita? Dou um exemplo na prática.

No início da pandemia, o mercado despencou, e quem manteve a inteligência emocional em dia soube entender que se tratava de um recorte do contexto em que vivíamos. Essas pessoas tinham uma reserva de emergência para se manter e não precisaram tirar dinheiro dos investimentos para dar conta das exigências financeiras do momento. Algumas até enxergaram oportunidades, compraram ativos por preços que nunca mais vamos achar e construíram patrimônio, enquanto outros sofriam de verdade com a instabilidade e a falta de perspectiva, o que promoveu um grande desespero.

A gente sempre vai estar sujeito a crises. Dessa vez, foi a pandemia da covid-19, mas poderiam ser outros motivos. *Uma coisa é certa: quem está preparado passa por essas fases mais suavemente e até sai com vantagens.* Já falamos bastante, mas não custa repetir, que a reserva de emergência é o melhor colete salva-vidas nessas horas. Ela desempenha um papel fundamental em todos os sentidos, inclusive possibilitando que você utilize sua renda além das necessidades básicas, para fazer uma reserva de oportunidade. Essa reserva é destinada a comprar ativos quando o mercado oferecer as melhores oportunidades.

COLOCANDO EM PRÁTICA

Muita gente quer investir na bolsa, e eu entendo o porquê. Existe uma fantasia de como é a vida desse tipo de investidor, como a história que contei sobre o avô do meu colega, que podia ir para a praia no meio da semana porque tinha imóveis. Dou risada hoje, porque essa é uma leitura muito simples do que de fato acontecia, mas muita gente ainda leva essa imagem adiante. Você pode, sim, viver dos seus rendimentos, mas isso vai tomar um bom tempo, não é de um dia para o outro e vai exigir economias para reverter dinheiro para seu projeto maior. Você terá de fazer escolhas difíceis. Pode ser que você alcance uma vida bem confortável, mas não é garantido que terá uma vida de multimilionário — ao menos, não todos, já que partimos de degraus bastante diferentes uns dos outros. Essas expectativas precisam estar claras para evitar frustrações. E as pessoas também precisam estar preparadas para as oscilações. *Não existe mercado de renda variável sem oscilação. É um dos preços que você paga por querer mais do que ganharia na renda fixa.*

Nos fundos imobiliários, a gente sabe que existe o provento mensal, aquilo que faz o fundo ser vantajoso e tornar-se a aposta da maioria que vai ler este livro. *Por isso, você precisa se incomodar mais se os seus dividendos estiverem caindo do que com a desvalorização de alguns ativos.* A queda dos dividendos mostra que há um problema no fundo, enquanto a queda do valor do ativo pode ocorrer por diversos fatores externos, alguns sem relação com o mercado imobiliário, mas com uma situação mais macro.

Por isso, foque sua energia no que realmente importa, naquilo que vai de fato influenciar seus ganhos.

O PAPEL DA CORRETORA DE VALORES

A corretora é a responsável por intermediar a relação entre o investidor e a bolsa de valores. Talvez você já esteja usando uma e goste dela. Se for o caso, não recomendo mudar — afinal, você precisa se sentir confortável com o ambiente proporcionado por ela. O que eu quero dizer com isso? As corretoras e seus aplicativos devem ser fáceis de usar, além de fornecer acompanhamento de seus investimentos de forma prática.

Lembre-se: a corretora não é o consultor financeiro. Aliás, essa figura não é obrigatória, como eu já falei. Se você dominar o assunto e entender o mercado de fundos imobiliários, com todas as suas especificidades, é provável que consiga cumprir suas metas sem envolver mais uma pessoa.

E se eu quiser mudar de corretora?

Muita gente me faz essa pergunta, achando que é algo seríssimo e grave. Entendo a suposição, já que, por muito tempo (e, em algumas instituições, até hoje), os bancos eram lugares cheios de burocracia, que taxavam até mesmo a retirada do dinheiro. Dava um trabalhão transferir sua conta-salário ou fechar a conta num banco e abrir em outro. Pode perguntar para pessoas de gerações mais velhas: é provável que elas tenham tido por longos períodos — e até pela vida toda — uma conta num banco específico. Esse tipo de laço mudou ao longo dos anos, especialmente na última década.

Hoje, a gente já consegue fazer portabilidade de salário com um único clique — e é proibido que os bancos cobrem qualquer taxa por isso. Você também tem acesso à sua conta a qualquer hora e de qualquer lugar. Um estudo da Fundação Getúlio Vargas feito em 2021 mostrou que havia 242 milhões de celulares em uso no Brasil — lembrando que somos uma população de 212,6 milhões de pessoas.[25] Os dados ficam ainda mais impressionante se a gente levar em consideração outros dispositivos eletrônicos, como computadores, *tablets* e *notebooks*. Somando tudo, temos 440 milhões de dispositivos digitais — mais de dois por pessoa. Outra pesquisa[26], do Comitê Gestor da Internet, mostrou que, em 2020, 152 milhões de pessoas tinham acesso à internet no país.

Combinando esses dados, dá para entender que a antiga estrutura bancária não se adequa em nada às necessidades atuais. Não tinham como durar esse poder dos bancos e a "fidelidade" que eles forçavam.

---

25. Fonte: https://www.poder360.com.br/tecnologia/brasil-tem-2-dispositivos-digitais-por-habitante-diz-fgv/.
26. Fonte: https://agenciabrasil.ebc.com.br/geral/noticia/2021-08/brasil-tem-152-milhoes-de-pessoas-com-acesso-internet.

Isso representa um benefício significativo para o cliente, que pode colocar seus interesses acima de tudo, sem se preocupar com taxas. Essa evolução se deu também pelas mudanças na legislação que permitiram, mais recentemente, o *boom* dos bancos digitais. O Ranking de Onboarding Digital 2021 mostrou que já há mais de 250 milhões de contas digitais abertas hoje no país.[27] Tudo isso para mostrar o cenário em que os investidores se encontram hoje, de maior liberdade de escolha e de possibilidades para diferentes perfis.

Dito isso, não faz sentido a gente pensar em ficar preso a uma corretora. Claro que é importante você avaliar o que cada uma oferece, como são seus aplicativos e interfaces. A escolha precisa ser feita de forma consciente. Se no decorrer do caminho e na prática do dia a dia você entender que não faz mais sentido continuar com a mesma corretora, você tem todo o direito de mudar e levar com você os seus fundos.

Existem fundos exclusivos e específicos?

Sim, alguns bancos e corretoras oferecem essas exclusividades como vantagens, mas não devem compor a maior parte da sua carteira. E mais: pesando os prós e os contras, talvez seja mais válido vender um fundo

---

27. Fonte: https://www.tecmundo.com.br/mercado/234454-brasil-tem-250-milhoes-contas-digitais-diz-estudo.htm.

que prenda você, caso o ônus da corretora seja uma cobrança de taxas, por exemplo.

Meu conselho é: abra uma conta em uma corretora, teste, dê uma mexida. Não agradou? Bola para frente e siga para a próxima corretora, até encontrar a que mais se encaixa com você. Por outro lado, tem quem prefira ter uma conta em mais de uma corretora. Não existe uma limitação legal, então essa é uma estratégia válida. Mais uma vez isso vai depender do seu perfil e do seu jeito de conduzir sua estratégia financeira.

Agora, um rápido glossário dos termos que você vai encontrar nas corretoras:

- **Home broker:** em português, quer dizer literalmente "corretor em casa". Você vai ver que esse termo se refere a plataformas que ajudam na compra e venda de ativos independentemente de onde você estiver. Antigamente era necessário ir até a bolsa e ficar gritando para conseguir negociar. Esse programa foi projetado para simplificar suas atividades, ao mesmo tempo em que fornece dados e gráficos para facilitar decisões. Assim que você abrir o *home broker*, é possível que as barrinhas coloridas assustem, mas você logo pega o jeito.
- **Boleta**: aba específica em que as ações de compra e venda se concentram.

- **Compra ou venda *stop*:** quando você delimita previamente o custo ou a variação em que o ativo deve ser vendido ou comprado. Quando o valor é alcançado, a plataforma desempenha a ordem programada.
- **Estratégia OCO:** você vai encontrar essa sigla nas plataformas de *home broker* como uma opção para assinalar. OCO significa *order cancels other* ou *order cancels order*; em bom português, ordem cancela ordem. Isso é utilizado quando você programa duas ordens de uma vez e a primeira a ser executada cancela a seguinte.

SITES, APLICATIVOS E REFERÊNCIAS

Informações confiáveis e seguras são de extrema importâncias para quem vai investir. Você precisa acompanhar a movimentação do mercado, os acontecimentos que podem impactar a sua carteira e as notícias de legislação e de órgão regulamentários. Para o bom investidor, acompanhar o noticiário diariamente é obrigatório, sobretudo de notícias especializadas no mercado imobiliário.

Existem alguns sites que eu confio e acompanho bastante. A maioria deles é oficial, como o **site da B3**[28], que tem uma área de plantão de

---

28. Acesse: https://www.b3.com.br/pt_br/.

notícias com as atualizações de operações, índices e empresas. Ele mostra os regulamentos de fundos e os principais acontecimentos em destaque.

Também gosto do site **fiis.com.br**, que tem uma equipe especializada para explicar panoramas e relatar acontecimentos diversos no mercado de fundos imobiliários. Nesse caso, você pode fazer buscas a respeito dos fundos disponíveis, e o site mostra todas as notícias recentes relacionadas a eles — então dá para saber o que o fundo comprou e vendeu recentemente, por exemplo. O fiis.com.br também reúne as notícias sobre gestão e administração, além de oferecer leituras claras de DY e outros dados, compilados em gráficos. É uma alternativa ao relatório gerencial, caso seja um acesso mais fácil para você. Para mim, um dos destaques desse site é a seção de comentários, em que é possível participar de discussões com pessoas interessadas nos fundos, nos últimos acontecimentos e nas decisões da gestão.

Um site bem parecido é o **Funds Explorer**[29], que oferece a mesma facilidade de busca para cada fundo. Ele abriga vídeos sobre cada fundo, além dos dados em gráficos elucidativos. O que essa página tem de diferente é uma área que mostra todos os dividendos emitidos pelo fundo nos últimos anos, o que ajuda a entender a estabilidade ou identificar fragilidades antes de comprá-lo. A lista de informações traz algumas que

---

29. Acesse: https://www.fundsexplorer.com.br/.

também estão presentes no relatório gerencial, como a taxa de vacância, os ativos e os comunicados emitidos pela gestão e administração do fundo.

Mais um site que eu acesso com frequência é o **Status Invest**[30]. À primeira vista, ele pode parecer muito semelhante aos anteriores, mas tem um diferencial: mostra a data-base (quando o fundo calcula seus números) e a data de recebimento (quando os proventos vão cair na sua conta). O site também oferece um calendário interativo, no qual é possível consultar os grandes eventos relacionados àquele fundo, como data de pagamento, possibilidade de abertura de subscrição, prazo para um relatório e possível venda ou compra.

O portal **Ticker 11**[31] apresenta informações sobre emissões e subscrições dos fundos imobiliários. Em uma única plataforma, mostra quais são as emissões em andamento, a data em que elas devem ocorrer e o histórico recente. Para quem está interessado em encontrar novos fundos ou aguardando algum abrir, acompanhar esse site é fundamental.

Por fim, tem o **Club Fii**,[32] que, além de todas as informações básicas que os outros sites também oferecem, funciona como um fórum de debate sobre fundos imobiliários. É excelente para quem gosta de participar de conversas sobre mercado ou fundos específicos.

---

30. Acesse: https://statusinvest.com.br/.
31. Acesse: https://tickerresearch.com.br/.
32. Acesse: https://www.clubefii.com.br/.

Assim como na questão das corretoras, a fonte de notícias escolhida tem a ver com seu perfil e suas preferências. As fontes citadas são de confiança e realizam um trabalho profissional — basta você entender qual interface é mais agradável para você.

Além de fornecer informação, esses sites são legais porque permitem que você conheça outras pessoas interessadas em estudar e investir em fundos, inclusive os grandes especialistas do mercado. Como já mencionei, essa rede é importante, pois a troca é rica em qualquer momento de sua trajetória. Iniciantes, por exemplo, podem falar sobre dores e dificuldades, ouvir conselhos de quem é mais experiente e descobrir novas informações. Já os experientes se sentem parte dessa enorme comunidade; a sensação de pertencimento é também uma forma de acolhimento nos momentos mais desafiadores. É provável que você faça até novos amigos, para comemorar as boas notícias, se aconselhar, dar ideias e compartilhar informações. Investir é uma atividade que se faz muito sozinho, porque é preciso se concentrar e focar na estratégia, mas não precisa ser solitária.

Agora, vamos começar a abordar as especificidades dos fundos imobiliários e os recursos que eles oferecem para além da compra e do ganho com dividendos. São abordagens um pouco mais avançadas de se beneficiar desse tipo de ativo e podem ajudar a aumentar ainda mais o seu patrimônio. Adiante, quando você já tiver mais informações, vai ficar claro onde e quando essas opções podem caber na sua estratégia, então não se preocupe se parecer meio abstrato agora.

ALUGUEL DE FUNDOS IMOBILIÁRIOS

Você agora tem todas as ferramentas e os conhecimentos necessários para dar início à sua jornada real com os fundos imobiliários. Pense em montar a sua rotina de forma que a administração dos seus fundos passe a fazer parte dela, ou seja, reserve algumas horas para estudar semanalmente, ler os relatórios mensais e, se possível, organizar-se para, todos os dias, acompanhar as notícias do país, do mundo e, sobretudo, do mercado. Com isso em mente, você de fato abraçará os fundos e os investimentos nos seus sonhos futuros como uma realidade do agora.

Já falamos bastante do funcionamento e das possibilidades que os fundos oferecem. É o momento de apresentar um conceito bastante novo: o **aluguel de fundos imobiliários**. Ainda não é uma atividade comum, afinal, a B3 só liberou o serviço em novembro de 2020. Há duas figuras essenciais para que o aluguel de FIIs ocorra: o dono das cotas que está interessado nessa doação temporária, o **locador**; e o interessado em alugá-las, o **tomador**.

O locador costuma ter o perfil de quem investe em fundos imobiliários, ou seja, ele está interessado nos ganhos de longo prazo e na renda mensal trazida pelos dividendos. Já o tomador quer fazer dinheiro mais rápido e, para isso, investe contando com a desvalorização dessas cotas. Então o locador aluga as próprias cotas, enquanto o tomador vende essas cotas e recompra por um valor menor, ganhando com a diferença da desvalorização. Depois, o tomador devolve essa mesma cota para o locador.

O *risco existe apenas para o tomador*, que pode não conseguir o preço inferior. Pelas regras, *o locador está protegido*, pois terá suas cotas de volta, independentemente de o tomador obter ou não sucesso com sua operação. Além disso, existe um prazo estipulado para tudo isso acontecer, então o tomador precisa ter uma ótima capacidade de leitura do mercado para identificar uma breve oportunidade e realizar toda a operação.

Por causa desse prazo, é garantido que o locador ganhe os dividendos, não pague os impostos pela venda, ganhe o dinheiro extra do aluguel e ainda possivelmente tenha suas cotas de volta mais valorizadas do que antes. É uma situação segura para o doador e que oferece a vantagem de um ganho a mais. O tomador não pode ficar com os dividendos, nem participar de subscrições, caso abra uma oportunidade no período. O único direito do tomador é de ir à assembleia votar, se ocorrer uma no período do aluguel.

Essas operações podem ser feitas diretamente nos aplicativos ou sites das corretoras. Geralmente, entro em contato com o suporte feito por *bots* e preencho um formulário enviado por eles. Aí, escolho quais ativos da minha carteira quero disponibilizar, e pronto. Fácil, rápido e um dinheiro extra que entra na minha conta de forma segura.

SUBSCRIÇÃO DE FUNDOS IMOBILIÁRIOS

Apesar do nome difícil, a subscrição nada mais é do que a emissão de novas cotas de um fundo. Essa é a maneira que um fundo imobiliário dispõe para crescer, porque é assim que ele capta novos recursos e compra novo ativos. Por quê? Vamos lembrar das regras dos fundos imobiliários: 95% do lucro deve ser repassado aos cotistas, enquanto os outros 5% servem para reserva de emergência ou reforma dos ativos. Sendo assim, não há possibilidade de tirar de nenhum desses itens o valor para a compra de um novo ativo. O que acontece então é que, toda vez que o gestor localiza um bom ativo para o fundo, ele emite novas cotas. Em quase todos os casos, isso é muito benéfico para os cotistas do fundo, porque eles têm preferência na compra e por um valor inferior.

Normalmente, eu acompanho as emissões de fundos no site Ticker 11 (falamos dele há pouco), que reúne todas que estão em andamento. Você deve se atentar aos períodos das emissões, porque normalmente os prazos costumam ser curtos e não há nenhuma exceção para compra posterior. Quanto às possibilidades de subscrição, aparecem alguns termos, como data-base — este é o dia em que o fundo decidiu emitir as novas cotas, portanto, quem era cotista até a data-base tem direito à subscrição. O valor costuma ser mais baixo do que o preço da cota até a data-base. Além disso, existe um limite de compras. Normalmente, isso é descrito em uma porcentagem em relação ao número de cotas que você já possui.

O período para compras também é descrito nesse site, e, após o último dia, acontece a liquidação, ou seja, o dinheiro sai de fato da sua conta. Você demonstra o interesse, ou melhor, exerce seu direito de compra, mas o dinheiro não é liquidado na hora, o fundo faz tudo isso no dia seguinte ao fim do período de negociação. Não há uma regra para delimitar esse período de negociação — podem ser dez dias ou apenas três. Por isso eu reforço tanto a necessidade de prestar atenção às ofertas que surgem e não perder tempo, caso você tenha interesse.

Nas corretoras, a forma de fazer essa compra costuma mudar, mas não é nada muito difícil. Caso você não consiga, lembre-se de acionar o suporte, que vai explicar o passo a passo na ferramenta. Não se esqueça de deixar o dinheiro em conta, porque, caso não tenha quantidade suficiente, eles debitam da mesma forma, e você fica com seu extrato negativo. Nesse caso, as corretoras costumam cobrar taxas, o que prejudica sua estratégia.

Outra informação que vai sempre aparecer na possibilidade da subscrição é se a oferta é **pública 400** ou **restrita 476**. Qual é a diferença entre elas? A primeira, como o nome diz, é pública, ou seja, destinada a todos. Quem é cotista tem prioridade na compra, mas o restante, depois do período de negociação, é disponibilizado para o público em geral. A segunda opção é aquela em que as novas emissões são disponibilizadas apenas para cotistas ou investidores profissionais, que possuem mais de 10 milhões de reais investidos. No caso de sobras da oferta primária, não há disponibilização para o público, apenas os cotistas que já participaram da oferta das cotas inicial e os investidores terão direito de compra novamente.

O intervalo antes de as cotas restantes serem oferecidas aos grupos (na aberta ou na fechada) se chama **período de preferência**. Na pública, quem não é cotista não tem como delimitar, segundo a porcentagem, seu número de cotas; afinal, ele não tem a referência de cotas já compradas. O que ele faz é pedir o número que gostaria. Ao final de todos os períodos de compra, tanto na pública como na restrita, o fundo pega todos esses pedidos, avalia quantas cotas foram compradas e quantas estão disponíveis e faz o rateio igualitário, numa quantidade proporcional ao que foi pedido.

SUBSCRIÇÃO DE OFERTAS PÚBLICAS

As ofertas públicas possuem algumas características singulares. Elas podem acontecer em dois momentos: no **IPO do fundo** (no caso, estará escrito que é a primeira emissão), ou seja, na oferta inicial daquele fundo na bolsa, ou quando o fundo já é negociado no mercado e quer fazer uma arrecadação ainda maior do que conseguiria apenas com seus cotistas. Existe aí um interesse em ampliar o leque de cotistas do fundo. Para participar de uma oferta pública não sendo cotista previamente, contudo, exige-se um investimento mínimo — a diferença é apenas na primeira emissão, em que todas as ofertas são públicas. Além disso, você vai precisar se encaixar em uma das modalidades de investimento. São seis modalidades possíveis, mas três vias de pensamento que você precisa que entender.

- Na modalidade "reserva condicionada à colocação total da oferta base", é necessário que, para a sua compra ser efetivada, o fundo tenha vendido todas as cotas disponibilizadas nessa emissão.
- Na modalidade "reserva proporcional ao atingimento da oferta base", sua oferta está condicionada à quantidade de cotas vendidas. Por exemplo, se o fundo disponibilizou 1000 cotas e só vendeu 500, a sua compra também é proporcional à venda, ou seja, 50%. Em outras palavras, se você tinha comprado 10 cotas, agora só 5 cotas serão de fato liquidadas.
- Na modalidade "Reserva condicionada ao valor mínimo da oferta", sua compra de cotas é total se o fundo alcançar o mínimo estabelecido no valor das vendas. Essa opção é a melhor se você quer entrar de qualquer forma numa oferta pública, sem correr o risco de ter seu número de cotas reduzido.

- Nas outras três modalidades — "reserva condicionada à colocação total da oferta base vinculado", "reserva proporcional ao atingimento da oferta base vinculado" e "reserva condicionada ao valor mínimo da oferta vinculado" —, o que muda tudo é esse finalzinho. O termo *vinculado* demonstra que há um agente associado, uma pessoa da gestão ou da administradora ou uma empresa que faz esse papel. Essas figuras podem participar desses processos, mas precisam declarar que têm envolvimento com o fundo. Nesse caso, todo o funcionamento dos tipos de compra e das proporcionalidades permanecem iguais, porém será de conhecimento de todos que alguém relacionado à gestão do fundo está participando daquele processo.

Vamos ao exemplo prático: um fundo está fazendo seu IPO, ou seja, começando sua comercialização na bolsa. Na primeira emissão, existe um mínimo de cotas a ser comprado por cada investidor. Estão descritos também os valores mínimo e máximo a serem atingidos pelo fundo. Essas informações vão permitir que você tome a decisão sobre qual modalidade vai seguir. Caso o máximo seja um valor muito alto, talvez não valha a pena condicionar suas cotas à venda total, por exemplo. Se você tiver interesse real em adicionar o fundo na sua carteira, a oferta mínima é a que vai garantir um retorno. Só não se esqueça de disponibilizar o dinheiro na conta!

Gabriel, e se eu não quiser participar da subscrição? Tem algum problema? Não, nenhum. Não há obrigatoriedade em participar da subscrição.

A única questão é que você pode aproveitar essa oportunidade de qualquer forma, participando ou não. Explico: existe uma maneira de você "vender seu direito da participação" para outra pessoa. Nem sempre isso é possível, depende de algumas transações, mas você pode sempre checar a possibilidade de ter esse ganho extra de dinheiro. Geralmente, esse direito não passa de um valor de centavos, mas já vi alguns casos mais custosos. Se existe um tempo de preferência muito grande, esse preço tende a aumentar. Pela lei, não existe obrigatoriedade de pagar imposto relativo a essa venda, já que não é uma venda de ativo. Da mesma forma que o direito à venda é negociado, o direito à compra também é. Se você quer mais cotas de um fundo, por exemplo, pode recorrer a essa alternativa.

Ainda existe a opção de participar da subscrição quando elas entram no período de sobras. Quando isso acontece? Bom, as cotas são colocadas à venda, mas, elas não são todas vendidas no período de preferência; as cotas que ninguém comprou são levadas adiante, para o período de sobras. É a alternativa final, a última chance de finalmente ter acesso a mais cotas do seu fundo imobiliário. Os preços vão se manter nesse período, isso não muda. Para comprar nessa etapa, exige-se que você já tenha feito uma compra no período anterior da disponibilidade das cotas. Contudo, as datas e as proporções mudam. As proporções mudam porque são feitas em cima das cotas que você está negociando, ou seja, você está falando da totalidade de cotas no período de preferência, enquanto no período de sobras você está já contando que uma parcela foi comprada.

O período de sobras pode ser uma ótima alternativa na sua estratégia. Vamos supor que você queria uma quantia de cotas no período da preferência, mas não tinha dinheiro em caixa para o dia da liquidação. Aí você comprou algumas cotas e viu que teria a oportunidade de comprar mais no período das sobras. Isso daria um tempo a mais para arrumar seu orçamento e ter o dinheiro para o próximo período de liquidez. Se for um fundo que vale a pena na sua estratégia, é uma oportunidade ótima. Claro que não dá para contar sempre com o período de sobras, mas, caso ele aconteça, verifique as datas no seu cronograma e reveja sua estratégia para entender o melhor jeito de adotar essa alternativa.

Outra opção que pode ser proveitosa é o **montante adicional**, ou **sobra das sobras**. Esse período acontece junto ao das sobras e é outra forma de conseguir comprar mais cotas de fundos do seu interesse. Essas cotas são criadas sobre um fundo adicional que está incluso no valor total das cotas. Esse valor também altera a proporção, já que ela considera apenas o valor adicional. O pedido deve ser feito com o período de sobras. E como isso funciona?

Imagine que você queira comprar 15 cotas no período das sobras. No montante adicional, você se interessa por mais 50 cotas. Você vai preencher no seu formulário que quer 65 cotas. As 15 primeiras das sobras são garantidas. Para as 50 restantes, o fundo vai recolher os formulários e analisar as compras e as cotas pedidas. Depois, essas cotas serão divididas de forma proporcional; portanto, você talvez não consiga 50 cotas, mas pode obter uma quantidade proporcional a esse pedido de acordo com o total computado pelo fundo. Só lembre que você precisa ter o valor das cotas pedidas, caso você consiga comprá-las na totalidade; não conte com o acaso de uma redução na divisão proporcional.

Todo esse processo mostra como é importante ter sempre o foco na sua estratégia e ficar atento às datas, porque elas vão mostrar as janelas de oportunidade para esses aumentos de cotas. Por fim, seja realista em relação às suas compras, pois o dinheiro necessário para a aquisição das cotas deve estar disponível. Não adianta se deixar levar pela empolgação e comprar várias cotas se depois não vai conseguir pagar por elas. Aí você me diz: *Tá, mas como eu sei se vale a pena ou não participar de uma subscrição de cotas?* Primeira coisa: nem sempre vale a pena. Muitas vezes, sua estratégia pode ter outras prioridades, e você pode estar seguindo uma direção completamente diferente; portanto, resista à tentação, caso a subscrição apareça num momento inoportuno.

Há três critérios importantes para você levar em consideração quando o assunto for subscrição:

- **O preço.** Ele obrigatoriamente tem de ser abaixo do valor que as cotas estão sendo negociadas em mercado, ou não faz sentido essa prioridade em compra e revenda interna. Ele também não deve ser parecido com o preço do mercado. Procure bons descontos — 50 centavos é uma diferença insignificante nesses casos. Por quê? Porque o processo de subscrição leva algum tempo, ele é mais demorado do que você comprar a cota normalmente; portanto, não compensa pagar um valor de pouca diferença e ainda esperar todas as etapas e períodos até aquele ativo começar a render dividendos para você. Faça as contas: se a diferença for pequena, talvez valha mais a pena comprar pelo preço normal e já aproveitar os rendimentos com antecedência. É difícil tabelar o que seria um bom preço de subscrição, claro, porque os ativos são muito diferentes, mas eu gosto de considerar uma diferença de pelo menos 3 a 5 reais por cota. Com essa abordagem, a depender da quantidade de cotas comprada, você pode economizar 200 reais, por exemplo, o que é um valor significativo.

- **O fundo.** Como você já tem ativos daquele fundo, deve ter passado pela sua avaliação o desempenho dele. No histórico, o fundo tem mostrado os resultados esperados? Ele está entregando o que você queria e o que você tinha como expectativa na sua estratégia? Para saber isso, basta revisitar suas avaliações mensais do fundo e a semestral de estratégia. A seu ver, você seguiria sendo cotista? E vale a pena aumentar a proporção de cotas dessa carteira?

- **O equilíbrio da sua carteira.** Você tem de levar em consideração que as compras das cotas não trazem desequilíbrio para sua carteira. Veja bem, é perfeitamente normal e aceitável realizar desbalanceamentos momentâneos em sua carteira de investimentos, mas depois você precisa trazer sua estrutura de volta à estratégia. Para isso, é importante ter suas proporções definidas. E como você faz isso? Sabendo exatamente qual é o seu perfil de investidor e como isso molda a compra de diferentes tipos de ativos para compor a sua carteira. A gente vai falar sobre isso um pouco mais à frente, para não restar dúvidas sobre o seu perfil e qual caminho você deve seguir para ser fiel a ele. Contudo, antes de prosseguir, quero explicar alguns outros recursos que podem ajudá-lo a ganhar ainda mais dinheiro com os seus fundos, indo além das formas convencionais.

ARBITRAGEM NOS FIIS

Quem já teve experiências prévias em fundos imobiliários já ouviu falar no termo **arbitragem**, mas talvez não entenda exatamente o que ele significa. Basicamente, é *uma operação em que você ganha com a diferença de valor na compra e venda*, ou seja, você tem o lucro sem correr riscos e, de preferência, sem usar seus próprios recursos para isso. Essa é mais uma estratégia a ser considerada para impulsionar de maneira inteligente o aumento de seu patrimônio. É importante destacar a variedade de opções que a subscrição oferece aos investidores para multiplicarem seus recursos. Vou ser chato aqui e lembrar mais uma vez que, para isso, não dá para perder as datas de vista. Deixar uma oportunidade dessas escapar significa perder a chance de aumentar suas cotas e seu dinheiro, de avançar na sua estratégia, porque não dá para saber qual é a próxima vez que essa janela vai abrir. Essa situação é totalmente especulativa, ou seja, ela deve ser bem estudada para você ter certeza de que esse é um risco que vale a pena correr.

Agora, vamos voltar à arbitragem e ao funcionamento dela na prática. O cotista vende suas cotas em mercado para comprar mais barato na subscrição. Lembra que falamos sobre a importância de uma grande diferença de valor nas cotas em mercado e disponíveis em subscrição? Aqui, isso é um fator de relevância ainda maior. Vamos imaginar que a subscrição abre para você com cotas 5 reais mais baratas do que a de mercado. Você já tem 100 cotas e, em vez de comprar mais 100, vai comprar apenas 50 e vender 50 das suas, ganhando dinheiro com a diferença do valor obtido entre compra e venda. Outra opção é comprar uma quantidade maior de cotas sem desembolsar nenhum valor, mas usando justamente essa quantia diferencial.

Quais são os riscos de uma operação como essa? Perder dinheiro. Sim, porque é preciso lembrar alguns postos-chave dos fundos imobiliários para realizar a arbitragem. Para começar, como sabemos, toda vez que você vende suas cotas de FIIs, paga uma taxa de imposto de 20%. Então, na hora de fazer o cálculo, deve entrar na conta essa porcentagem sobre o lucro da operação. Ainda é vantajoso realizar a arbitragem? É isso que você precisa responder antes de seguir em frente. Acontece também de a arbitragem derrubar o valor da cota, já que muitas pessoas se aproveitam desse momento para fazer grandes vendas com compras em valores inferiores — o que desvaloriza as cotas. Muita gente se assusta com a queda drástica dos preços, aliás. Chega a 30, 40 reais por cota, às vezes. Contudo, é algo que dura apenas por um tempo; depois, é provável que o valor se recupere lentamente. Ainda assim, como nós já falamos, esse não deve ser o fator de maior importância, desde que os dividendos não sejam prejudicados e não sofram uma queda drástica.

Além da arbitragem, esse período favorece uma alternativa para os interessados em um fundo imobiliário específico, que é a **flipagem**. Ela também é instável e sem garantias, então você deve pensar bastante e estudar as alternativas antes de seguir por esse caminho de olho só no lucro. A diferença é que a arbitragem ocorre durante o processo aberto da subscrição, ou seja, no período de sobras. A flipagem ocorre depois que os valores foram liquidados e as cotas já foram distribuídas. Ela é interessante para quem não era cotista desse fundo, porém tem interesse em adquirir cotas por um preço inferior ao de mercado. Para isso, você precisa saber a data de integralização da cota. Esse é o dia em que as cotas são finalmente entregues aos compradores.

Vamos relembrar: a **subscrição** abre no período de preferência, aí as ofertas são liquidadas. Após os cálculos, é aberto o período de sobras, já com a noção de quanto não foi vendido e o acerto das proporcionalidades. Depois desse período, ocorre novamente a **liquidação** e, em seguida, a

integralização, quando finalmente essas cotas entram nas carteiras dos investidores. Da última liquidação até a integralização, é possível que decorram de 15 a 20 dias, a depender do fundo. E só após a integralização, muitas vezes quase dois meses depois do início do processo inteiro, é que a **flipagem** pode ocorrer.

Se as cotas forem adquiridas a um valor muito inferior ao que o mercado está praticando nesse dia (vamos lembrar que elas são vendidas mais baratas, e ainda se passou um tempão da venda, aumentando o intervalo de uma possível valorização), os investidores talvez entendam que há vantagem em vender essas cotas por um preço maior do que o de compra, aumentando assim o lucro sobre a operação. Essa tendência dura dias ou até semanas e depende da quantidade de cotas vendidas na subscrição.

E como você pode se beneficiar desse efeito de flipagem? Ela é uma boa saída caso você não seja cotista, mas tenha interesse no fundo. Esse é um momento favorável para a aquisição de cotas a um valor abaixo do que geralmente é praticado no fundo. Portanto, fique de olho nessas oportunidades. Caso seja possível, procure por cotações de fundos imobiliários que estão abertos para subscrição e acompanhe esse movimento no gráfico (dá pra acompanhar pelo Google mesmo). É uma forma de assimilar esse fluxo, que é comum, e ganhar experiência para traçar sua estratégia se aproveitando da possibilidade.

CAPÍTULO 4

CONSTRUINDO A CARTEIRA VENCEDORA

Agora que você chegou até aqui, vou compartilhar com você minha técnica pessoal, criada e aperfeiçoada com experiência e conhecimento adquiridos nos últimos anos, para construir uma carteira de FIIs lucrativa e vantajosa. *Um ponto-chave aqui é você pensar que a sua carteira deve visar o rendimento de médio a longo prazo.* Esse é sempre o objetivo quando falamos de fundos imobiliários — afinal, os rendimentos vão crescer cada vez mais e você terá a oportunidade de reinvesti-los, potencializando seu patrimônio. Quando for montar sua carteira, recomendo que, antes, reflita sobre seus sonhos, aonde você quer chegar e como esses investimentos podem ajudar você a alcançar esses objetivos. Estabeleça fases de atuação e até descreva em valores quanto você quer alcançar. Essa transparência no ponto final beneficia a caminhada até lá.

Com essas informações em mente, você terá de ser fiel a si mesmo e aos seus limites de conforto quando o assunto é dinheiro, para encontrar o seu perfil como investidor. E por que eu falo de limites de conforto? Porque os nossos sonhos podem ser muito grandes, mas eles precisam se desenvolver dentro da nossa maneira de viver. Eu não posso achar que vou seguir um perfil de risco, colocando em jogo tudo que tenho e que conquistei, só para chegar antes aos meus objetivos. Isso não vai acontecer, não há garantia nenhuma de que a estratégia vá se desenvolver exatamente como o esperado — lembre que você terá de fazer reavaliações periódicas — e ainda é provável que você passe a maior parte do tempo se sentindo extremamente desconfortável com o processo todo.

Também é importante refletir sobre *como foi até hoje sua relação com dinheiro e investimentos*. Se você é a pessoa que sempre recorreu à poupança ou à renda fixa, não vai conseguir comprar todas as ações e viver perigosamente de um momento para o outro. É por isso que eu digo: ser fiel a si mesmo é importante.

Como eu disse em capítulos anteriores, existem três principais perfis para investimentos: conservador, moderado e agressivo. O conservador normalmente tem uma experiência maior na renda fixa; ele tinha dinheiro na poupança e prioriza a segurança acima da rentabilidade. Ele prefere ir devagar em vez de dar passos em falso e perder a própria evolução até ali. O perfil de risco dele é menor.

- O investidor moderado vai um pouquinho além na ousadia. Ele não deseja abrir mão da segurança e se lançar ao desconhecido, mas, ao buscar um pouco mais de rentabilidade, ele está disposto a tentar um algo a mais. É um meio-termo. A maioria das pessoas se encaixa aqui.
- O agressivo prioriza rentabilidade sobre segurança. Ele quer receber dividendos grandes e não se importa com a volatilidade da carteira. Se os ativos sobem ou descem, tanto faz, desde que os dividendos se mantenham firmes e fortes, caindo na conta e em quantidades gordas.

Eu, Gabriel, me identifico com o perfil moderado. Consigo trazer o melhor dos dois mundos para a minha carteira, ou seja, posso reunir as boas estratégias de ambos os perfis para conseguir os resultados que busco. Como eu faço isso? *A base da minha carteira é formada por fundos de tijolo com contratos atípicos, cujas revisionais de taxas acontecem com maior espaçamento.* São contratos que já preveem uma relação de longo prazo. Mais ou menos 50 a 70% da minha carteira é composta por esses ativos. Os outros 30 a 50% são de fundo de papel e de desenvolvimento, que possuem um retorno de dividendos mais altos e um perfil de risco maior.

O conservador tem mais fundos de tijolo, entre 80% e 90%, porém estes não são os únicos fundos a compor sua carteira. O restante dessa quantia pode ser de papel ou de desenvolvimento.

Por fim, o investidor agressivo vai ter um perfil quase oposto ao moderado. Ele tem 60% a 70% em fundos de maior risco, como os de papel e desenvolvimento. O restante é em fundos de tijolo.

Para mim, essa é uma diversificação importante, mudando apenas as proporções. Nunca é recomendado ter apenas um único tipo de fundo — mesmo que você goste muito dos de tijolo, recomendo estudar para encontrar um fundo de papel ou de desenvolvimento que você tenha vontade de experimentar. Pode ser bem pouquinho, mas é uma experiência válida e uma forma de ampliar, aos poucos, seus horizontes. Você não apenas pode, como deve investir em todos os setores disponíveis de fundos imobiliários.

Como a maioria dos investidores possuem um perfil moderado, gosto de usar esse modelo como exemplo. Daqui em diante, vamos montar juntos uma carteira fictícia, para que fique mais fácil quando chegar a hora de você montar a sua. Caso deseje seguir por outro perfil, seja ele conservador, seja ele agressivo, lembre-se de apenas adaptar as porcentagens.

Ah, é importante demais que eu bata mais uma vez na tecla de que *não existe uma carteira ideal e perfeita*. Isso é algo muito pessoal e varia de acordo com o perfil do investidor, os momentos de vida, a estratégia pessoal, a disposição para explorar oportunidades que surgem e a experiência adquirida a partir da interação com diferentes fundos. Sabe aquela história de não se comparar pelo bem da sua saúde mental? Eu a reforço aqui. A carteira do vizinho não é melhor do que a sua porque está mais rentável ou porque tem os fundos populares no momento. Mantenha o foco na sua estratégia e siga com base nela, sem se desviar com a ideias de que alguém está obtendo melhores resultados que os seus.

FASE 1: COMEÇANDO DO ZERO

Está partindo do zero? Sem problemas. Com toda essa bagagem que acumulamos até aqui, você já avançou alguns passos em relação ao começo deste livro. Lembre que sua carteira deve conservar algumas características importantes. Ela deve ter **segurança**, **robustez**, **diversificação** e **rentabilidade**. Esses aspectos precisam transparecer em suas escolhas, porque garantem a resiliência de sua carteira durante os períodos desafiadores do mercado, evitando perdas significativas, e rendendo acima da média nos momentos de auge. Pense em algo duradouro, lembre-se do longo prazo.

Com isso em mente, busque fundos grandes, aqueles bem estabelecidos, que são robustos e seguros. Eles vão ter todas as características que você busca e um grau de risco menor, porque estão há anos praticando sua estratégia, com resultados constantes.

Entre os fundos de tijolo que recomendo, há uma proporção que considero interessante e satisfatória:

- 50% de fundos de tijolo de galpão.

- 30% fundos de tijolo de shopping.
- 20% de fundos de tijolo de varejo.

Esses três pilares vão trazer excelente retorno em médio e longo prazos e, ao mesmo tempo, segurança.

Considero que o galpão ainda tem enorme potencial de expansão, especialmente devido ao aumento da popularidade dos e-commerces e à chegada de várias marcas e grandes *players* do segmento ao Brasil. Com a necessidade de acomodar estoques e centros logísticos e de distribuição, os espaços de galpão serão cada vez mais necessários. Além disso, hoje, há mais variedade nesses fundos. Lembre-se de que isso serve apenas como um guia ou uma recomendação. Você não precisa seguir exatamente esse caminho e pode estudar cada fundo especificamente para poder tomar essas decisões. Quanto mais conhecimento, mais fundamentadas serão as suas escolhas, então não pare de estudar.

Agora eu entro em outra questão, que é uma pergunta que me fazem muito: *Se o meu primeiro aporte não é uma quantia tão alta, devo escolher apenas uma dessas categorias de fundos?*. Não, já comece diversificado. Dívida seu dinheiro entre essas três opções de fundos, mesmo que estejamos falando de apenas mil reais. É mais uma forma de assegurar que seu dinheiro não vai ser perdido nem sofrer com quedas bruscas.

O período de familiarização com os fundos imobiliários e a adaptação à nova rotina de investidor deve durar cerca de seis meses. Esse é o tempo necessário para você se acostumar com a leitura e compreensão dos relatórios, acompanhar os fundos e entender melhor o mercado. Claro que você precisa fazer seus novos aportes mensais nesse período, mas deve se manter dentro dessa estratégia e dessas categorias de fundos.

Se possível, reinvista seus dividendos nesses três grandes fundos, fazendo crescer seus investimentos, ou ainda junte esse valor para a próxima etapa, quando você for investir em outros fundos. Com base nesse *timing* semestral, você fortalece o hábito que vai te acompanhar daqui em diante, que é rever sua estratégia e sua carteira a cada seis meses. Esse é o começo da sua jornada, que, aos poucos, vai parecer um hábito que sempre existiu.

FASE 2: A CONSTRUÇÃO

Nos primeiros seis meses, por termos escolhidos fundos de bastante segurança, eles devem entregar rendimentos menores. Isso é esperado — afinal, os fundos possuem essa relação: quanto mais seguros, menor o rendimento. O contrário também é verdade: quanto menos seguros e mais arriscados, maiores os dividendos. *Priorize, no começo, a segurança.* Os passos parecem pequenos no início, mas são apenas para criar estabilidade e familiaridade — assim, você se sentirá confortável transitando pelos fundos imobiliários no futuro.

É importante lembrar que não podemos desanimar com a realidade, caso as expectativas estejam muito altas. Lembre-se de manter a saúde mental bem cuidada e forte. Persistência e paciência são as palavras-chave para quem deseja estar nessa segunda fase. Depois dos primeiros seis meses de aprendizado, é hora de passar para a próxima etapa.

Essa é a etapa da construção da sua carteira; vamos diversificar mais e buscar fundos que paguem dividendos maiores. Dá para mexer um pouco na sua proporção para acomodar essas mudanças. Eu pensaria em algo como:

- 40% de fundos de tijolo de galpão.
- 20% de fundos de tijolo de shopping.
- 20% de fundos de tijolo de varejo.
- 20% de fundos de papel.

Notou quem entrou aqui? Sim, os fundos de papel chegaram, trazendo dividendos mais altos e um pouco de emoção para a sua carteira. A proporção de galpão e shopping diminuíram um pouco para que isso ocorresse. Já teremos, nessa etapa, quatro ativos diferentes. A ideia é ir crescendo aos poucos o grau de dificuldade de acompanhamento. Você não deve sentir um impacto tão brusco no dia a dia, ou seja, não dá para, de repente, ter de dedicar um fim de semana inteiro para fazer a leitura e avaliação da sua carteira. Isso deve ser gradual, ser inserido no dia a dia até se tornar natural.

Mas tem algo que talvez seja anterior a isso e que muita gente se pergunta: *Como eu vou saber como estão essas porcentagens na minha carteira?*.

Parece difícil, mas na verdade é bem simples. Você pode utilizar uma planilha comum do Excel para acompanhar seus investimentos. Com base nos dados inseridos, o programa pode gerar um gráficos que tornam a visualização desse acompanhamento mais intuitiva e clara. Aí, é só questão de redividir seus aportes caso a proporção não faça sentido. Inicialmente, é provável que você direcione a maior parte dos seus novos aportes para categorias que vão se abrir, pois a proporção será ajustada quase automaticamente. No entanto, à medida que seus investimentos crescem em número e em quantidade, torna-se ainda mais importante adotar uma planilha que direcione seus aportes de forma adequada.

Essa fase vai durar outros seis meses, seguindo nossa lógica de calendário estratégico. Ao final, você vai ter um ano de experiência como investidor de fundo imobiliário. Vai ser uma etapa mais desafiadora, porque você vai precisar se acostumar ao papel de investidor; contudo, tenho certeza de que será uma experiência satisfatória.

A essa altura você terá uma carteira de pequeno a médio porte, algo simples de acompanhar e que se tornará mais fácil a cada mês e relatório gerencial lido. Além disso, acredito que já dê para ter uma ideia de todas as possibilidades que os fundos têm para oferecer e do que você pode construir com a ajuda deles. Com essa experiência, é hora de voltar mais uma vez à sua carteira, que ainda está em formação, e pensar quais fundos podem aumentar a rentabilidade dela e deixá-la ainda mais interessante para você.

FASE 3: MATURAÇÃO

Seguindo na nossa estratégia, os próximos passos devem focar ainda em diversificação e rentabilidade. Isso significa que, sim, vamos ter novas categorias de fundo. No primeiro ano, focamos em dar segurança e estabilidade à carteira, que, como desejávamos, vai sustentar nossos investimentos nos bons e nos maus momentos. Agora, é hora de ir adiante, expandir nossos horizontes, buscar novas proporções e ativos diferenciados.

Como devem ficar as proporções agora? Eu sugiro que você opte por algo como:

- 30% de fundos de tijolo de galão.
- 20% de fundo de tijolo de shopping.
- 20% de fundo de tijolo de varejo.
- 30% de fundos de papel.

Eu mantive o de shopping e o de varejo, mas subi o de papel, porque temos muitas opções nesse segmento. Além disso, vamos lembrar que eles garantem maior retorno de dividendos. A essa altura do campeonato, seus fundos já devem ter subido de cinco para algo em torno de nove fundos. Agora, sua carteira já é robusta, com opções variadas, mas ainda considerada média. Você tem conhecimento e experiência, além de maturidade, para lidar com as flutuações do mercado e as situações que vão se apresentar.

Antes de cada passo dessas fases, é importante que você *crie o hábito de analisar fundos e estudá-los com frequência, especialmente os que não estão em sua carteira*. A ideia é que você tenha embasamento para escolher os próximos fundos que vai comprar. Assim, quando chegar o próximo intervalo dos seis meses, você já saberá em quais fundos tem interesse e como eles vão se encaixar na sua estratégia. Basicamente, *essas escolhas não devem ser feitas em cima da hora, no momento de expandir a sua carteira*. A opção deve ser feita algum tempo antes, com base na observação de gráficos e leitura de relatórios.

Essa fase, que eu chamo de **maturação**, deve acontecer ao longo dos próximos 12 meses, porque a ideia é você se acostumar à expansão e pegar mais experiência. Você vai sair dos dois primeiros anos como um investidor mais casca grossa e preparado para dar passos cada vez maiores. É no decorrer desse segundo ano que você vai perceber que realmente é possível alcançar sua independência financeira e realizar seus sonhos por meio dos fundos imobiliários. A sua autoconfiança também vai aumentar, então você finalmente terá a sensação de que a roda está girando, o que vai acalmar sua ansiedade. Esse segundo ano é essencial para você se consolidar como investidor e se preparar para um verdadeiro movimento de expansão a partir daqui.

FASE 4: EXPANSÃO

Chegamos à etapa final para um iniciante. Até aqui, o foco foi auxiliar você na construção de uma carteira segura, uma base que o protegesse de instabilidades e que mostrasse as possibilidades que o mundo dos fundos imobiliários oferece. Com mais maturidade e autonomia, agora vamos partir para a última fase de acompanhamento antes de você seguir sozinho. Antes disso, vamos diversificar um pouquinho mais, sempre pensando naquele aumento de rentabilidade.

A nossa proporção agora vai ficar em:

- 25% em ativos de tijolo de galpão.
- 20% em ativos de tijolo de shopping.
- 20% em fundos de tijolo de varejo.
- 25% em fundos de papel.
- 10% em fundos de desenvolvimento.

Os fundos de desenvolvimento são os novatos da turma. Você ainda não tinha investido nesse segmento, mas ele é de alta rentabilidade. Minha estratégia é sempre construir a carteira da base para o topo, sendo a base formada por ativos mais sólidos e seguros, e em maior quantidade. Aos poucos, avançamos em direção ao topo, onde estão os investimentos mais agressivos mais rentáveis e em menor quantidade. Por isso, começamos com os fundos de tijolo em grande quantidade (a base da pirâmide), depois adicionamos o papel (o meio) e encerramos com os fundos de desenvolvimento (o topo).

A essa altura, a carteira já deve ter em torno de 11 fundos imobiliários diferentes — e pensar que começamos com três! Essa carteira madura e diversificada deve render algo em torno de 0,7% a 0,9% de retorno em dividendos. É essa média que se espera de uma carteira moderada. A carteira conservadora terá um rendimento de dividendos menor, e a agressiva, maior. Lembre-se de adequar as proporções com a planilha do Excel, para não ter desequilíbrios no longo prazo — desequilíbrios momentâneos durante compra e venda ou mudanças estratégicas são normais.

Eu considero que os primeiros 24 meses são os que vão definir seu futuro nos fundos imobiliários. Mas não digo isso de uma maneira séria, como se não houvesse espaço para erros. A ideia é amadurecer nesse período, entender o que você quer e o que pode fazer para chegar lá. Aprofundar seu conhecimento sobre o mercado e compreender as especificidades do dia a dia do investidor também fornecerão uma base sólida para o seu crescimento daqui em diante.

Nos próximos passos, você deve considerar ainda mais a expansão e a diversificação. Uma carteira com até 20 fundos é uma abordagem realista e possível de acompanhar, mas isso é uma escolha muito pessoal. Entenda o funcionamento desse acompanhamento e verifique se consegue lidar com ele na sua rotina Você deve ser capaz de controlar cada um dos seus fundos, portanto tenha esse parâmetro sempre em mente.

A gente fala desses três grandes perfis de investidores, mas *ninguém nasce pronto para um perfil, é possível se moldar até alcançá-lo, especialmente quando falamos de conhecimento*. Quanto mais você aprender, melhores as escolhas que você vai fazer. Vamos supor que você seja uma pessoa conservadora, mas estudo e experiência vão torná-lo seguro o suficiente para experimentar uma carteira mais moderada. Isso também vale se você é moderado e pensa em experimentar um perfil mais agressivo. Resumo: é você quem define o perfil, não o contrário.

A única coisa que eu defendo é que você seja o protagonista do seu orçamento e que nunca deixe de lado os seus fundos, vendo cair seus rendimentos sem saber o motivo. *Esse é um erro que custa o sonho de muita gente, porque eles acham que o fundo é só comprar e deixar lá, mas quando vão checar o resultado, ficam insatisfeitos*. Assuma essa responsabilidade e leve a sério o trabalho, para que esse esforço dê resultados. Como você viu anteriormente, investir em fundos imobiliários não é uma tarefa impossível ou complicado, mas exige dedicação e foco. Tenho certeza de que você consegue alcançar esse objetivo, pois o resultado é a garantia de uma vida financeira mais tranquila e estável.

FAZENDO A PRECIFICAÇÃO DOS FIIS

A gente passou por cima desses conceitos lá atrás, no Capítulo 2, então você pode voltar lá e e realizar uma consulta mais profunda. Se você seguiu a recomendação e transformou esses conceitos em uma colinha de fácil acesso, para consultá-la até que a informação se torne algo natural e familiar. Os conceitos são importantes porque *provam na prática se um fundo imobiliário é rentável e vantajoso ou não para você*. Sempre que tiver expandindo a sua carteira, é fundamental analisar os relatórios e os gráficos recentes dos fundos de interesse. Além disso, verifique se o fundo se enquadra na proporção desejada para a sua carteira e avalie se os dividendos são atrativos e consistentes. Por fim, dedique-se a analisar essas métricas, pois elas vão desempenhar um papel crucial na sua tomada de decisão.

Por que eu digo isso? *Ao precificar, você vai saber se o preço cobrado pelas cotas daquele fundo está correto e é justo.* Sabe quando você vai ao mercado, vê o preço do tomate e pensa: *Esse preço está fora do normal?* É mais ou menos isso. Você vai comprar fundos e vai perceber que eles não estão condizentes com os resultados e com o mercado.

Para muitos produtos que compramos no dia a dia temos parâmetros claros, conhecimento extenso, experiência de uso e até um comparativo do mesmo produto em diversos mercados. Além disso, existem cotações oficiais para medir o preço e a inflação de muitos alimentos.

No entanto, no caso dos fundos, essa referência clara não existe. Então, *como determinar se o fundo está caro ou barato*? Essa é uma pergunta muito frequente; veja a resposta.

Como já vimos, a precificação acontece a partir da comparação. Sendo assim, você deve comparar fundos de um mesmo setor, nunca de setores diferentes. Quanto mais semelhante forem os fundos, melhor; não basta comparar tijolo com tijolo, é preciso comparar galpão com galpão e varejo com varejo, por exemplo. Se o fundo é misto, compare-o com outro misto. Só assim essas estratégias de precificação fazem sentido. Com isso, você terá uma base para decidir em qual deles investir.

MÉTODO PRECIFICAÇÃO P/VP

Essa é a métrica de precificação mais comum, mas atenção: *apesar de ser a mais comum, a precificação* P/VP *não serve para todos os comparativos entre fundos*. Usar P/VP para comparar fundos de tijolo não funciona muito bem, por exemplo. O fundo de tijolo inclui na precificação do patrimônio questões intangíveis, como os inquilinos, a segurança e o potencial de geração de renda; nesse sentido, não é fácil precificar um ativo imobiliário. Quem comprou um imóvel alguma vez sabe que, mesmo entre duas empresas, o preço de uma análise de um apartamento ou casa varia. É um valor difícil de cravar.

Por isso, o melhor uso para a métrica do P/VP é para fundo de papel e FOF. O primeiro é aquele cujos ativos são dívidas imobiliárias, o que é uma coisa pouco subjetiva; a dívida é um valor, e pronto. O FOF é uma carteira de fundos imobiliários, que, como sabemos, tem um preço bem definido.

O P/VP é, como vocês já sabem, o preço dividido pelo valor patrimonial. O *preço* é aquele pelo qual o ativo está sendo negociado no momento. O *valor patrimonial* é o valor de patrimônio por cota. Todos os anos, os fundos passam por reavaliações dos ativos, e chega-se ao valor total do patrimônio. Ao dividir esse valor pelo número de cotas, chega-se ao P/VP. A ideia é que todos os anos esse valor suba, pois os bons ativos tendem a se valorizar. O preço vai variar todos os dias, mas o P/VP só vai mudar uma vez por ano.

Existe uma regra simplista — que eu não gosto tanto —, que pode ajudar a entender o uso do P/VP na precificação de um fundo:

- Se o P/VP for igual a 1, o preço está em um preço justo.
- Se estiver abaixo de 1, o preço está barato.
- Se estiver acima de 1, o preço está caro, portanto a compra não deve ser feita.

Para mim, não é bem por aí. Eu considero que, caso todo o restante da avaliação mostre que esse é um fundo interessante, o valor até 1,1 é totalmente aceitável. Como eu disse, se outros índices mostrarem que esse fundo é bacana para a sua estratégia e você gostar do fundo, então não é um P/VP um pouquinho acima de 1 que deve deter a compra.

Acima disso eu já acho arriscado, porque você vai pagar mais do que 10% do valor patrimonial, ou seja, realmente não vale o preço. Além disso, vamos lembrar que fundos de papel fazem frequentemente subscrições e amortizações. Se você pagar um P/VP muito elevado há o risco de o preço cair durante uma subscrição e o fundo sofrer desvalorização. Não queremos jogar dinheiro fora, certo?

MÉTODO MODELO DE GORDON

Agora, para fundos de tijolo, o modelo de Gordon é o mais assertivo. Essa fórmula é fácil e a segura em relação ao resultado. Ela aponta o preço máximo que você deve pagar por uma cota do fundo. A fórmula é:

Preço = Dividendos/(k-g) x 100

Os dividendos correspondem aos últimos 12 que o fundo distribuiu, portanto, essa fórmula é mais bem empregada em fundos que já possuem pelo menos esse tempo de atuação. Esse método não é adequado para fundos mais novos, pois, nesse caso, ele não entrega o resultado correto.

A letra *k* corresponde à taxa que você espera, e *g* é o crescimento em dividendos. Como determinar esses valores? Uma maneira de comparar um fundo imobiliário, é considerar um título de renda fixa de longo prazo que ofereça um retorno adicional, como um título público IPCA NTNB 2026 ou 2030. É recomendável evitar a poupança e a taxa Selic como referências, pois esses indicadores são mais adequados para resultados de curto prazo.

Vamos supor que a NTNB aponta que o IPCA para 2026 é de 3,74% + inflação de 3%. A taxa tem de ser a soma desses dois mais um prêmio de risco que você quer ganhar sobre isso. Por quê? Porque o fundo imobiliário é renda variável, então ele tem que render o que a fixa renderia mais uma taxa maior. E como determinar a taxa de risco corretamente? Eu gosto de usar alguns parâmetros:

- Quando o fundo é de baixo risco, como tijolo com patrimônio alto, contratos atípicos e bom histórico, adiciono 1%.
- Se é um fundo mais novo, que não se provou muito em mercado e apresenta um risco médio, acrescento 2%.
- Se é um fundo com fator de risco maior, com contratos perto de vencer e alta taxa de vacância, quero um prêmio maior, de 3%.

Eu somo isso à inflação e ao IPCA. Entendido isso, vamos ao crescimento em dividendos (*g*). Isso também é especulação. O crescimento dentro dos parâmetros esperados é de 1%.

A partir desse cálculo, você vai chegar não a uma porcentagem, mas ao preço exato da cota, ou seja, um valor em reais, o que vai facilitar a sua tomada de decisão. Recomendo que você sempre faça essa conta com os fundos de tijolo que estão na sua carteira. É uma forma de saber se o fundo está sendo negociado a um preço alto ou baixo, se você deve comprar mais cotas ou aguardar outra oportunidade. Seu critério de avaliação e comparação ganha respaldo com essa fórmula. Parece difícil agora, mas ela é bem simples, e é uma questão de hábito usá-la. Logo você vai reparar que a conta sai com facilidade.

Um fundo imobiliário deve ser analisado em todas as suas vertentes e características. A precificação é apenas uma delas, e há outros fatores que você deve levar em consideração na tomada de decisão. Se puder, pratique esse cálculo com fundos de seu interesse, mesmo que ainda não tenha recursos para fazer a compra. Essa é uma forma de praticar o uso das fórmulas e entender melhor como elas funcionam no dia a dia.

Lembre-se apenas de *comparar fundos do mesmo setor e com características semelhantes e de analisar outros critérios, como os dividendos, o relatório gerencial e a estabilidade dos ativos.* A escolha da sua carteira é um processo com muitos fatores de influência, e você deve considerar todos eles. Não há escolha fácil, mas a dedicação vai valer muito a pena quando você ver os resultados dos rendimentos.

Até aqui já temos a estratégia para seus dois primeiros anos como investidor de fundos: as proporções às quais você deve se atentar e os critérios que devem ser usados na hora de diversificar sua carteira. Lembre que, a partir dos seis meses do início da sua jornada, você deve focar cada vez mais o aumento da rentabilidade da sua carteira, tornando-a a melhor possível para você. Use as ferramentas que estão disponíveis, faça cálculos, leia relatórios, fique inteirado do mercado e estude com frequência. A melhor carteira de todas para você significa, acima de tudo, que ela não será igual a de um amigo ou conhecido. Você pode até trocar experiências com outros investidores em sites e comunidades de investimento em FIIS, é legal ouvir e conversar sobre o tema, mas nunca compare seus rendimentos ou conquistas com os das outras pessoas. Isso pode abalar sua autoconfiança e criar expectativa inadequada — afinal, cada um tem um caminho diferente a seguir.

Atente-se à sua estratégia e aos seus interesses. Mantenha o pé no chão quando o assunto for investir. Disponibilize apenas a verba do seu orçamento separada e destinada para isso — com frequência e constância, para que o resultado seja avançado. Não abra mão de construir sua reserva de emergência. Apesar de serem ativos de menor risco se comparados às ações, os fundos imobiliários não se enquadram na categoria de renda fixa, portanto não devem ser esquecidos na carteira para render sozinhos. Não acompanhar os investimentos de perto é garantia de que você vai perder dinheiro, e não é isso que queremos, não é mesmo?

Apesar de esses primeiros dois anos de jornada serem de grande aprendizado, há algumas questões práticas que precisamos tratar. Infelizmente, o mundo e, mais especificamente, o governo não vão parar e esperar a gente se acostumar a investir em fundos imobiliários. Portanto, você terá de prestar contas enquanto aprende e formula sua estratégia.

A **declaração dos fundos imobiliários** acontece anualmente no imposto de renda, mesmo que você não tenha vendido nenhuma cota — você não será cobrado por isso, mas precisa fazer a declaração. No próximo capítulo, vamos nos debruçar sobre isso e tirar todas as dúvidas sobre pagamentos de impostos e emissão do **Documento de Arrecadação de Receitas Federais (DARF)** no caso de venda, além de esclarecer como deve ser feita declaração dos FII.

A minha intenção é que você, quando acabar de ler este livro, esteja pronto para exercer todas as funções de um bom investidor, cumprindo todos os papéis necessários, desde o estudo de bons fundos até a escolha dos melhores para a sua carteira, passando pela administração dos seus dividendos e pela declaração dos impostos. O objetivo é que você também tenha este livro como um recurso para consultas em momentos de dúvida durante o processo.

É bastante coisa para absorver, mas a prática é o melhor meio de se aperfeiçoar. Deixe o medo de lado e comece a explorar plataformas e sites sobre o mercado. Quanto mais informações você tiver, mais seguro e confiante vai se sentir, e é isso que vai diferenciar você de outros investidores. Você vai estar pronto para navegar pelos mares mais revoltos e tempestades mais inesperadas.

CAPÍTULO 5

CONTABILIDADE E DECLARAÇÃO DOS FIIS

Muita gente fica nervosa só de falar em contabilidade e imposto de renda. Só que não é possível investir sem considerar esses aspectos ou lidar com um pouco pela matemática, uma matéria temida desde os tempos de escola. Ainda assim, isso não é tão difícil quanto as pessoas fazem parecer. E mais: você só precisa prestar atenção aos conceitos; depois, eles vão se tornar naturais; os processos serão instituídos e automatizados. Eu recomendo que você leia este capítulo grifando as partes importantes; depois volte para entender os passos.

A primeira coisa que precisamos entender é que, no contexto da declaração, o que importa é o *ano completo*, ou seja, a posição da sua carteira até o dia 31 de dezembro. A posição da carteira nada mais é do que as cotas de fundos que você possui naquele momento — isso será declarado na aba "Bens e Direitos" da sua declaração, o que vamos entender melhor mais para frente.

Quando falamos de **tributação**, é importante entender quais categorias existem. Como já falamos, as cotas de fundos imobiliários só são tributadas no momento da venda e somente se você tiver lucro com a valorização dessa cota, ou seja, os *dividendos recebidos mensalmente são isentos de impostos*.

No caso de venda com lucro, como funciona? É cobrado 20% de imposto sobre o valor desse lucro. Por exemplo, se você comprou a cota a 100 reais e vendeu a 120, será cobrado 20% sobre o lucro de 20 reais, ou seja, 4 reais. É importante destacar que não importa quanto tempo você tenha levado para vender essa cota — pode ser dois dias ou dois anos –, mas sim a diferença de valor.

E como você deve pagar esse imposto? Você precisa fazer levantamentos mensais e garantir que pagou, todo último dia útil do mês, os DARFs referentes aos impostos do mês anterior (veremos como gerar o DARF em breve), em outras palavras, o imposto referente às cotas vendidas em julho deve ser pago até o último dia útil de agosto. Esse é um detalhe trabalhoso, mas importante.

Lembrando que, quando falamos em fundos imobiliários, a estratégia de compra e venda próximas não é a mais recomendada, já que esses são investimentos de médio e longo prazos. Porém, caso você encontre uma oportunidade muito boa ou mesmo a necessidade de vender, não pode deixar de pagar o imposto até o último dia útil do mês seguinte à venda.

E o que acontece se você não pagar o imposto dentro do prazo? Será cobrada uma multa sobre o valor, e você terá de gerar o DARF novamente, dessa vez com esse acréscimo. Contudo o valor da multa pelo atraso não será considerado na declaração do imposto de renda. Isso significa que o valor da multa não será deduzido do seu imposto de renda. Na hora de declarar, o que vale é a quantia originalmente devida.

O PULO DO GATO

Ainda na questão de venda de cotas, existe uma coisa curiosa que pode ajudar a atenuar o pagamento de impostos. A Receita permite que você faça a compensação de valores de meses com prejuízo. Como assim? Vamos supor que em junho você vendeu algumas cotas por um preço abaixo do valor de compra, tendo um prejuízo de 100 reais — essa é uma situação que você deve evitar a todo custo, mas gosto de abordar para que você saiba como agir caso aconteça. Com isso, você não precisa pagar nada nem emitir DARF ou fazer qualquer tipo de notificação sobre sua perda.

Contudo em julho você vendeu cotas e consegue um lucro de 200 reais. Na hora de fazer as contas para gerar o DARF, *você pode subtrair do seu lucro o prejuízo*, então o valor a ser pago de impostos deve incidir sobre 100 reais, em vez de sobre 200. Isso não vale apenas por um mês, mas para diversos meses seguintes. Assim, em teoria, você não sai com prejuízo.

Uma coisa que sempre gosto de destacar: é você quem vai ter de fazer essa conta toda sozinho, não existe programa (do governo, da corretora, aplicativo) que faça esse trabalho. No máximo, você pode criar sua própria planilha do Excel para fazer o acompanhamento. Isso vai exigir uma dose extra de organização, atenção e comprometimento.

Apesar de não ter nenhuma cobrança de acompanhamento pontual sobre essa tarefa — como um lembrete oficial ou uma obrigatoriedade para continuar investindo —, há uma multa pelo não pagamento dos impostos, e isso pode virar até um problema judicial, caso você prolongue essa dívida. Essa é a hora de mostrar sua responsabilidade como investidor e de entender a seriedade do compromisso que você está assumindo. Não deixe essa tarefa cair no esquecimento em meio às tantas demandas do dia, lembre-se de incluí-la na sua programação, assim como suas avaliações mensais de evolução dos fundos e o estudo para compra de novas cotas.

POSIÇÃO NO IMPOSTO DE RENDA

Todas as cotas que você possuir em carteira no dia 31 de dezembro precisam ser declaradas no seu imposto de renda entregue no ano seguinte. Por quê? Assim como todos os outros ativos e bens, o governo exige que mostremos nossas posses anualmente — mesmo que não possa cobrar imposto sobre elas. Esse processo é bem simples. As corretoras costumam emitir o **Informe de Rendimentos** anual, que possui algumas informações dos seus FIIs. Caso você sinta falta de outras informações, acessar diretamente o site da administradora ou o Canal Eletrônico do Investidor (CEI), no site da B3.

- No programa da Receita, você vai procurar a aba "Bens e Direitos" e escolher o "Grupo 7", referente a "Fundos".
- Depois, opte pelo código 13, que trata de "Fundos Imobiliários".

Essa é uma mudança recente na classificação, que aconteceu em 2022.[33] Vejo isso com bons olhos, porque entendo que o governo se estrutura cada vez mais para diferenciar os fundos, mostrando que a relevância deles só cresce. Você ainda deve selecionar o país onde o fundo foi comprado — em breve vamos aprender a comprar fundos fora do país — e informar se você ou algum dependente comprou as cotas, quantas foram, quando as comprou e de qual corretora.

---

33. Fonte: https://economia.uol.com.br/imposto-de-renda/noticias/redacao/2022/05/07/imposto-de-renda-2022-saiba-como-declarar-fundos-imobiliarios.htm#:~:text=A%20Receita%20Federal%20criou%20%22grupos,por%20algum%20dos%20seus%20dependentes.

Atenção! Nesse ponto, não deve ser levado em consideração a valorização do fundo, apenas utilize o preço de custo, ou seja, quanto você gastou para fazer a compra. Utilize os valores identificados no informe para demonstrar sua situação ao final do ano.

Fique atento também se a corretora tiver taxa de corretagem ou qualquer outra cobrança. Nesse caso, o valor deve ser acrescido ao preço da cota, ou seja, você deve colocar o total que você pagou. Se a cota custou 100 reais e a corretora ainda cobrou 7,50 reais de administração, declare o valor total de 107,50 reais. Essa dica vale também para a hora da venda: caso você seja cobrado por essa operação, deve subtrai-la para saber se houve lucro ou prejuízo. Ou seja, se o total foi 107,50 reais, você deve considerar o preço de venda a 100 reais e a partir daí calcular em referência ao preço de compra. Use sempre valores líquidos — é bastante fácil fazer esse levantamento, mesmo que sua carteira de fundos esteja em um grau avançado de diversificação.

DECLARANDO VENDAS NO IMPOSTO DE RENDA

Para sua declaração, pouco importa se você vendeu cotas de fundos uma vez ou dez vezes ao mês, o que importa são as variações mensais. O que significa isso? Que você deve registrar o apurado total de cada mês numa planilha, o que facilita o preenchimento da sua declaração. Lembre que só importa o lucro líquido mensal. E onde você vai declarar isso?

- Na aba "Renda Variável", clique em "Operações de Fundos Imobiliários".
- Lá, você terá acesso a um formulário, "Ganhos Líquidos ou Perdas". Aí, é só jogar as informações mensais já compiladas no decorrer do último ano.

Manter uma planilha de acompanhamento mensal facilita tudo isso, porque você só terá a tarefa mecânica de copiar e colar. Se você teve prejuízo em algum mês (mesmo que tenha compensado depois com alguma venda lucrativa, isso não importa aqui), digite o sinal negativo antes do número, assim seu balanço ficará correto. Como você deve declarar o ano completo, verá que existe um campo para o mês de janeiro para você preencher os dados relativos ao ano anterior.

Aí vamos entrar em outra questão importante: o **dedo-duro**.

O dedo-duro é o imposto de renda retido na fonte. Ele está descrito nas **notas de corretagem**, ou seja, você já foi cobrado e o governo já recolheu esse imposto, portanto ele já tem conhecimento de que você está operando e uma ideia de valores — por isso, o apelido de dedo-duro.

Essa alíquota é de 0,005% para ações realizadas em dias diferentes, ou seja, a compra é realizada hoje e a venda, só amanhã ou na semana que vem. Já para compra e venda no mesmo dia, a alíquota é de 1% sobre o lucro. Você tem de lançar a soma mensal do **Imposto sobre a Renda Retido na Fonte (IRRF)**. Não se esqueça também de lançar o valor dos impostos pagos através dos DARFs, aqueles que você gerou mensalmente. Faça a soma mensal, subtraia as taxas, chegue ao valor líquido e declare. Não é esse valor que vai fazer a diferença nos seus rendimentos, mas ele pode fazer um estrago na sua vida tributária caso você não faça esse processo corretamente.

Na aba "Renda Variável" do imposto de renda, acesse a opção "Operações de Fundos de Investimentos Imobiliários". Então, lance na planilha mês a mês que abriu os valores pagos de cada DARF.

Lembre-se, *não devem ser acrescidos multas ou juros por atrasos, apenas o valor original da* DARF. Também devem ser declarados os prejuízos na coluna ao lado. Isso vale tanto para o titular quanto para o dependente. Os campos no topo da planilha são automáticos, eles vão se ajustando de acordo com o preenchimento.

Algumas informações básicas para quem está declarando:

- **Você precisa guardar a sua declaração por cinco anos**. Esse é o tempo que a Receita Federal tem para questionar qualquer dado ali contido. Isso quer dizer que você pode ser chamado para falar sobre anos anteriores ao declarado? Sim, a malha fina é muito longa. Contudo, uma vez que se coloca em ordem os dados e as informações, é possível até receber restituição (caso se aplique à sua situação). Normalmente, o que acontece é que a Receita pede documentos que comprovem os números. A sua planilha ajuda muito nesse caso, porque vai ser fácil você recuperar a linha de raciocínio e juntar os papéis para comprovar sua declaração.

- **Não deixe para fazer sua declaração de última hora**, pois isso aumenta o risco de errar algum número ou confundir os cálculos.
- **Mantenha sua própria planilha sempre em dia.** Isso também ajuda a evitar confusão com os cálculos e erros. Embora esse possa parecer um trabalho burocrático chato, a parte que ninguém quer fazer, realizá-lo vale a pena, pois facilita a declaração e evita preocupações futuras.

E OS RENDIMENTOS?

Eu aposto que muita gente que estava entusiasmada até aqui começou a torcer o nariz quando começamos a falar sobre tributação e imposto de renda. Sim, não dá para negar que essa parte é menos legal do que as outras (para não ser radical e dizer que é chato logo de cara). Contudo, não tem como escapar dessa tarefa, então é melhor não sofrer por ela. Esse é nosso compromisso enquanto cidadãos e pode ser facilitado de muitas formas, citadas agora a pouco, como começar bem antes do prazo e manter em ordem os seus dados. Já entendemos todos os impostos que precisamos pagar, mas vamos lembrar aquilo que não é tributado e ainda assim precisa ser declarado: os rendimentos.

Mas Gabriel, existem exceções? Sim, um rendimento de fundo imobiliário pode ser tributado se não tiver mais que 50 cotistas.

- Outra situação em que a tributação ocorre: se a pessoa física tiver mais do que 10% das cotas ou receber mais do que 10% dos rendimentos de um fundo. Se você se encaixar em alguma dessas condições, vai pagar um imposto de 20% sobre os rendimentos.

Mesmo se nenhuma dessas exceções for o seu caso e seus rendimentos sejam isentos de impostos, você ainda precisa declará-los. Para fazer isso é bem fácil.

- Vá até a aba "Rendimentos Isentos e Não Tributáveis". Selecione a "opção 26 – Outros", especifique se você é o titular ou o dependente, informe o CNPJ e o nome da fonte pagadora — essas informações podem ser facilmente encontradas no Google — e o valor referente ao ano inteiro, não mês a mês. Isso deve ser feito a partir do seu primeiro rendimento para cada um dos fundos imobiliários, você não pode somar todos eles. Lembre que você já declarou o fundo em si lá na outra aba então aqui vai apenas o valor do rendimento.

SUBSCRIÇÃO NO IMPOSTO DE RENDA

A subscrição é o direito do cotista de vender seu direito ou sua prioridade na venda de novas cotas de um fundo; do outro lado, também é possível comprar esse direito. A declaração da subscrição no imposto de renda é uma atividade ainda um pouco nebulosa dentro da área de fundos imobiliários, mesmo para quem conhece bem essas atividades. Eu vou explicar uma linha que é a mais frequente, mas é importante dizer que não há leis ou regras que determinem que essa é a maneira correta ou a única de agir. Como já reforcei aqui, em comparação ao mercado de ações, os fundos imobiliários são muito recentes e ainda estão em desenvolvimento. Sendo assim, há muito para acontecer. Com frequência, isso beneficia quem está começando agora, porém também acaba gerando confusões ou discordâncias. Nos últimos anos, o cenário tem demonstrado mudanças. A CVM, o órgão que cuida da fiscalização desse tipo de investimento, por exemplo, tem intensificado suas análises e instituído medidas e caminhos para promover um sistema saudável e sustentável.

Quando se trata da declaração sobre a venda de um direito de subscrição, não há uma especificação clara instituída. O que eu acredito é que a venda caracteriza um ganho de capital, afinal, você recebeu dinheiro pelo direito cedido a outra pessoa. Sendo assim, repito o que eu faria em outros casos de vendas de cotas com lucro: calculo o valor de 20%

sobre o que eu recebi. Daí em diante o caminho você já conhece, que é gerar, imprimir e pagar o DARF.

Aí você me questiona: *Mas se o governo não olha para isso, por que estou pagando?* Eu acredito que nós, investidores, temos a responsabilidade de contribuir para o desenvolvimento contínuo desse mercado. Além disso, não tenho o menor interesse em abrir qualquer brecha para que o governo considere minhas ações ilegais ou não, o que poderia posteriormente ocasionar a cobrança de multas. Sendo assim, opto por lidar com essa circunstância da mesma forma que eu lidaria com qualquer outro ganho na venda de um título.

Há também a possibilidade de você exercer o seu direito de subscrição comprando cotas novas. Nesse caso, o que vai mudar é o valor a ser declarado no seu imposto de renda. Como isso deve ser feito? Recalculando o preço médio das cotas de um fundo e incluindo o valor inferior pago durante a subscrição. É uma conta de média bem simples:

valor pago pelas cotas novas + valor pago pelas cotas antigas / total de cotas que você possui agora = novo preço médio por cota

Essa equação determinará o novo preço médio por cota, que deve ser declarado no imposto de renda. É um cálculo semelhante ao relacionado à compra do direito de exercer a subscrição. O cálculo é o seguinte:

valor total pago nas cotas (número de cotas x preço) + o que você pagou para poder exercer o direito (número de cotas x preço) / total de cota = preço médio por cota

E por que é feito dessa forma? Como você pagou pelo direito de exercer, esse valor precisa ser adicionado ao preço da sua cota, que não pode ser o único levado em conta na hora da declaração.

DARFS

Falamos algumas vezes sobre essa ferramenta que é parte crucial do processo de investimento em fundos imobiliários, mas ainda não explicamos a fundo como essa guia é gerada no site da Receita Federal. O documento de arrecadação de receitas federais é como um boleto[34] (que pode ou não ter o código de barras) usado para pagar impostos e tributos à Receita. Esse documento é resultado de um autoatendimento, ou seja, é você quem designa o valor que está sendo pago e explica a que se refere — exceto no caso do Imposto de Renda Anual, em que o próprio programa gera o DARF em caso de necessidade de pagamento.

O DARF pode ser pago por meio de aplicativos de bancos on-line ou em terminais de autoatendimento. Existe um limite de DARFS que podem ser gerados? Não. O governo tem um acompanhamento do que é pago para cobrar? Sim. Pode até demorar, mas em algum momento a cobrança pelo atraso de um DARF será feita, porque os sistemas fazem

---

34. Fonte: Emitir DARF para pagamento de tributos federais — Português (Brasil) (www.gov.br).

uma checagem cruzada de gastos e entradas, encontrando brechas. Não é uma boa estratégia deixar de pagar o DARF, especialmente se você pretende ser um investidor sério, que viverá de renda no longo prazo.

UM APANHADO

Eu tenho convicção de que abordamos os pontos cruciais necessários para que você se torne um excelente investidor de fundo imobiliário e usufrua de tudo que essa ferramenta pode agregar à sua vida. Contudo, antes de finalizarmos esse estudo, é importante fazermos um apanhado.

Em primeiro lugar, tenha muito claro para você que o investidor de fundo imobiliários tem a visão voltada para o futuro, ou seja, ele faz estratégias de médio e longo prazo; portanto, nada de querer ganhar dinheiro no primeiro mês. Esse é o tipo de expectativa que causa decepções — afinal, é provável que seu primeiro rendimento não passe de poucos reais.

Em segundo lugar, apegue-se à estratégia que você construiu, mas não permita que ela se torne rígida demais a ponto de tornar-se uma prisão, que prejudique você. A estratégia tem a ver com o seu objetivo e com a sua realidade (inclusive financeira), mas também com o cenário e o contexto. Se ela for pouco flexível, vai quebrar no primeiro choque.

Sua estratégia pode até ser ruim, mas se ela não incluir uma reserva de emergência, será muito pior. A reserva é o que vai fazer a diferença em tempos de crise, quando as variáveis fugirem do seu controle. Essa atitude responsável vai evitar que você perca seus investimentos e fique apertado financeiramente. Tendo isso em mente, você pode alocar o restante do seu dinheiro na renda variável, formando uma combinação perfeita: o dinheiro se multiplica na renda variável, enquanto você está protegido com a reserva de emergência na renda fixa.

É o que eu chamo de uma *estratégia resistente à crise*. Na minha opinião, para se tornar um bom investidor, *você deve sempre se pagar primeiro; esse é um fator que considero fundamental*. Isso significa que, tanto para formar sua reserva de emergência, quanto para comprar cotas de fundos, você precisa separar uma renda mensal para isso, ou seja, você deve ser a sua prioridade. Quando isso se tornar um hábito, é bem provável que você finalmente veja seu patrimônio crescer – afinal, o dinheiro vai se acumular gradualmente e, consequentemente, crescer. Quem espera sobrar dinheiro para investir geralmente não consegue realizar aportes mensais. Considere o investimento como uma conta a ser paga assim que chega o boleto. Transfira o dinheiro para a corretora para não correr o risco de usá-lo para outro fim. Se você tem esse compromisso consigo mesmo, já está no caminho certo.

É sempre bom voltar ao conceito básico dos dividendos: *a divisão de lucros que vai representar sua renda passiva*. Isso quer dizer que você nunca vai poder viver de dividendos? Não, a ideia é que, em um ponto da sua vida, isso se torne realidade, mas isso não vai acontecer já no primeiro mês. Inicialmente, o rendimento proveniente dos investimentos será passivo, ou seja, não se trata da renda ativa gerada na forma de salário pelo seu trabalho principal, aquele para além do papel de investidor.

Fazendo um cálculo rápido aqui, se uma carteira de fundos imobiliários rende, em média, 0,7% ao mês, com aportes mensais de 500 reais, levaria 32 anos para você chegar ao primeiro milhão. Quem aporta 2 mil alcança 1 milhão em 18 anos. Claro que esse valor vai mudar muito de acordo com a realidade de cada um, mas a intenção desse cálculo é mostrar que é possível aumentar o patrimônio com o hábito de investir. Com o passar dos anos, acontece o que eu chamo de **efeito bola de neve**: os aportes mensais são somados ao valor dos dividendos e, assim, os investimentos são multiplicados e estão sempre aumentando.

Você não precisa necessariamente investir nas mesmas cotas que já tem, isso vai depender da sua análise caso a caso. Você pode, de repente, achar que existe outro fundo que vale mais ou que no momento está dando maior retorno. Caso fique em dúvida, considere o conceito das porcentagens das carteiras de acordo com seu perfil, conforme vimos no Capítulo 2. Aquela é uma maneira segura de expandir seus investimentos sem se perder nas variedades de cotas ofertadas.

Antes de qualquer decisão, estude. Observe os relatórios gerenciais, investigue o gestor, analise o histórico. Essas informações estão a seu favor. Eu, por exemplo, tenho um grande interesse em analisar relatórios, porque oferecem uma visão abrangente do gestor. Por meio dele, é possível avaliar se a pessoa, equipe ou empresa responsável pela gestão é organizada, conhece os contextos e cenários relevantes e vai além da variação dos custos de uma cota.

Entenda em qual fase você está; não adianta tentar pular etapas. A evolução é um processo de construção em que cada etapa é importante, mesmo que pareça demorada demais e com ganhos inexpressivos. No começo, o retorno será de centavos, mas eu já mostrei que pode chegar a milhares de reais depois de algum tempo. Sabe aquela coisa de plantar uma semente e ter de esperar até que ela brote, cresça e floresça? É a mesma coisa, só que com o seu dinheiro. Apesar de existir liberdade total dentro dos FIIs para você escolher a sua estratégia e os fundos que farão parte dela, recomendo muito que você respeite as proporções, pois elas são a garantia de que a sua estratégia está no caminho certo.

Ao final dos 12 meses, você se sentirá mais aliviado e terá mais controle sobre a situação. A experiência e algumas adversidades superadas — acima de tudo, a resistência — vão acalmar um pouco a ansiedade típica do iniciante. Em sua trajetória de investidor, vivenciar os altos e baixos normais do mercado, prepara você para lidar com diferentes cenários e lhe proporciona mais segurança. Quanto ao resto, dê tempo ao tempo. Eu demorei 5 anos para receber meu primeiro salário mínimo em dividendos. Esse processo não acontece da noite para o dia; mas aos poucos é possível ir longe.

Nos momentos de insegurança, vale recorrer a um ombro amigo. Nesse caso, isso significa trocar informações com pessoas que também invistam ou estudem investimentos. Se você tiver um grupo de amigos que se senta na mesa do bar e discute dinheiro e investimento, comemore. Você já está várias casas à frente de muita gente e tem um ambiente confortável e familiar para tratar desse tema tão importante. Se você não tiver, conte com os grupos formados em redes sociais — essa comunidade virtual que às vezes constrói laços mais fortes do que os reais.

Aqui, deixo um alerta: conversar sobre o tema é muito bom, trocar informações beneficia todo mundo e ter visões diferentes enriquece a sua estratégia, porém não se deixe levar pelas opiniões alheias caso você não concorde com elas. As pessoas interpretam fatos e dados de maneiras diferentes, e nem sempre tem um certo e errado, às vezes tem a ver com a estratégia, as possibilidades ou o cenário em que cada um está inserido. Algumas pessoas estão mais dispostas a fazer investimentos de maior risco — vamos lembrar que, apesar de ser mais seguro, os fundos imobiliários seguem sendo de investimentos de renda variável, portanto, estão sujeitos às oscilações do mercado e podem dar prejuízo —, enquanto outros só querem mesmo realocar seu patrimônio para algo que, no longo prazo, trará o resultado esperado.

Além disso, comparar-se com os outros só gera a sensação de estar atrasado ou enganado. Esse é outro efeito das redes sociais. A vida das pessoas ali nem sempre é o que parece. Isso também se aplica ao que elas falam sobre investimentos e sobre a imagem que elas vendem: têm aqueles que se passam por especialista ser ter conhecimento sobre o assunto equivocadoso sobre a trajetória de um investidor. Por fim, existem muitos golpes e até de esquemas de pirâmide (sim, em pleno 2023). Fique esperto e mantenha o olho no seu trabalho. Lembre-se de que não é indicado copiar a carteira de outra pessoa.

Seja responsável com seus investimentos. Leve a planilha de acompanhamento a sério e estabeleça datas para declarar suas vendas (caso elas ocorram), gerar seus DARFs e pagá-los. Quando for hora de expandir, vá com a confiança de quem já dominou o processo. Uma das possibilidades, depois de algum tempo, é ir além das fronteiras brasileiras e investir em outros países. Nos Estados Unidos, por exemplo, o mercado de fundos imobiliários, além de ser muito conhecido, está bastante desenvolvido. Por meio dos REITs, sobre os quais comentamos lá no começo do livro, é possível expandir seu patrimônio em dólares sem que você precise enfrentar obstáculos muito diferentes dos relacionados aos fundos imobiliários brasileiros.

CAPÍTULO 6

INVESTINDO NO EXTERIOR

Você já é um *expert* em investimentos em fundo imobiliário no Brasil, ou seja, já passou pelos 12 meses de provações, desenvolveu sua carteira e inseriu na sua rotina os hábitos do investidor. Apesar de sua carteira estar indo superbem e dar resultados, você quer tentar algo novo. Expandir seus investimentos para fora do Brasil é uma alternativa para diversificar e aproveitar outros mercados e economias, com movimentos alternativos que valorizam ainda mais o seu patrimônio.

Nos Estados Unidos, por exemplo, como já falamos, o mercado de fundos imobiliários é muito mais desenvolvido do que no Brasil. Há opções mais diversas, com fundos em categorias que não existem aqui ainda. Além disso, o dólar é uma moeda mais valorizada e estável do que a nossa, o que garante um crescimento mais forte e confiável com o qual, na conversão de dividendo, você sai ganhando.

As bolsas estadunidenses, apesar das variações dos últimos anos de crise, são fortes e oferecem maior liquidez em seus ativos. Além disso, as maiores empresas do mundo vendem ações lá. No início deste livro, falamos sobre os fundos imobiliários oportunizarem a participação em imóveis de luxo aos quais talvez não tenhamos acesso diretamente. Esse é mais um caso: imagine ter participação num imóvel em Nova York, uma das cidades mais caras para se morar e ter um negócio (e, portanto, com altos preços de aluguéis)?

Nós vimos lá atrás como os *Real Estate Investment Funds* (REITS) surgiram e funcionam. Eles são a opção mais próxima dos fundos imobiliários brasileiros. São, assim como aqui, geridos por empresas com expertise, o que garante segurança na administração. Além disso, geram os dividendos em dólar, que também podem ser reinvestidos, levando seus investimentos a um crescimento exponencial. Lembre que o longo prazo é nosso foco nesse tipo de investimento.

Tendo em vista o histórico dos REITS, é evidente que se trata de uma tendência promissora. Eles vêm num fluxo de crescimento contínuo, mesmo com todas as situações atípicas que vivemos nos últimos anos. Em 2021, por exemplo, os REITS superaram em 36% o índice de crescimento das S&P500, o índice que mede as ações das 500 maiores empresas listadas em Bolsa nos Estados Unidos. Essa alavancada dos REITS superou os 26% de 2020, mesmo após os abalos causados pela pandemia.[35] A expectativa do mercado é que essa ascensão se mantenha. Uma pesquisa mostrou que em 2022 o segmento somava 1,6 trilhão de dólares.[36] Desde então, há muitas empresas diversificando seus investimentos por meio do setor imobiliário, com um portfólio bastante diversificado e atuando em diversos países.

Há um detalhe importante para um resultado tão bom. Diferentemente do Brasil, nos Estados Unidos são empresas de capital aberto que entram para o mercado imobiliário e realizam a venda de títulos — por aqui, são fundos que reúnem diversos ativos. Há uma vantagem fiscal para as empresas disponibilizarem REITs lá fora, um dos motivos pelo qual registra-se um crescimento constante. A oferta delas garante uma dedução de impostos, o que faz com que muitas optem por esse caminho.[37]

As regras também são um pouco diferentes das brasileiras. Lá, anualmente, 90% do lucro tributado precisa ser direcionado para os cotistas e 75% do fundo precisa ser de aluguéis imóveis, podendo acontecer a participação de outros tipos de bens, inclusive financiamento de imóveis. Na maioria das vezes, o pagamento de dividendos não é mensal,

---

35. Fonte: https://www.wsj.com/articles/reits-romped-in-2021-as-property-values-soared-11640696407.
36. Fonte: https://www.infomoney.com.br/onde-investir/reits-como-investir-nos-fundos-imobiliarios-dos-estados-unidos-especialistas-apontam-as-vantagens/.
37. Fonte: https://www.marcumllp.com/insights/potential-tax-benefits-of-private-reits-for-hedge-funds-and-private-equity-funds.

mas trimestral. Há um mínimo de 100 cotistas para um REIT existir, e 5 deles não podem ser donos de mais de 50% do ativo.

Outra especificidade dos REITS é seu processo de crescimento, que é movido por melhorias e investimentos constantes. Isso acontece porque as taxas de empréstimo são muito baixas e o crédito de grandes empresas que fazem parte dos REITS costuma ser bom. Portanto, é comum que elas façam alguns empréstimos e direcionem esse dinheiro estrategicamente para o crescimento. Isso leva ao aumento de aluguéis, por exemplo, porque que o imóvel fica valorizado.[38]

Tem um ponto crucial na estratégia de REITS: é cobrado 30% de imposto sobre dividendos. Isso é retido na fonte, então já cai com desconto na sua conta da corretora — algumas cobram ainda outras taxas, como de administração.[39] Certas regras variam muito, mas há casos em que estrangeiros são isentos de alguns impostos ao investir em REITS. Por outro lado pode haver uma limitação quanto ao número de estrangeiros que podem se tornar cotistas. Dependendo do país ao qual pertence o REIT, também há acordos internacionais para que não aconteça uma dupla tributação. É o caso dos Estados Unidos, mas também há certos limites para isso. No caso de vendas dos seus ativos, por exemplo, você não deve ultrapassar o valor de 35 mil reais por mês — se acontecer, o

---

38. Fonte: aula da professora Aline Barbosa no ONTC.
39. Fonte: https://site.tc.com.br/blog/renda-variavel/investimento-no-exterior-tributos.

imposto sobre o lucro (ou seja, já com desconto no exterior) é de 15%, também pago por meio de DARF.[40]

E em que se parece com os fundos imobiliários no Brasil? Primeiro, é uma maneira de ter uma renda passiva. Os REITS são menos sujeitos à volatilidade e são considerados investimentos mais seguros. E, assim como nas estratégias de investidores em fundos nacionais, é importante diversificar, ter um bom balanço entre os seus investimentos e pensar numa estratégia que traga bons lucros, mas que não exponha você ao risco.

Uma curiosidade sobre o mundo dos REITS é que há duas principais vertentes de tipos de investimentos: uma baseada em capital e outra em hipoteca. Como se sabe, o número de hipotecas nos Estados Unidos é bastante alto. Atuando nessa área, normalmente consegue-se um maior retorno por valor de dividendo; porém, como sempre acontece, o risco também é grande — lembre-se desta regra de ouro: quanto maior o dividendo, maior o risco; o contrário também é verdade.

Tudo isso nós estamos falando de maneira bem generalista, só para você entender a diversidade de opções e a variedade de situações que estão disponíveis no exterior. Contudo, o mais importante de tudo é manter olhar atento, como já falamos anteriormente.

---

40. Fonte: https://site.tc.com.br/blog/renda-variavel/investimento-no-exterior-tributos.

A essa altura, você já está treinado para analisar e avaliar boas oportunidades. Esse mesmo procedimento vai se repetir nesse caso. Antes de tomar decisões, estude. Não é recomendado agir impulsivamente em relação ao real, menos ainda em relação ao dólar. Vamos lembrar que seu dinheiro é resultado de seu esforço, e o objetivo é vê-lo crescer, em vez de usá-lo para entrar numa roubada que talvez não compense posteriormente.

Uma vantagem é que nos últimos anos o processo de investir em REITS se tornou bem mais simplificado para os estrangeiros. *Mas eu preciso saber inglês?* Sim, é importante; afinal, você terá de estudar o mercado estadunidense, entender notícias, observar relatórios — e esses são um pouco diferentes dos usados nos fundos imobiliários nacionais. Primeiro, vamos entender na prática como comprar esses fundos.

COMO E ONDE COMPRAR

Há duas formas de comprar REITS: direta ou indiretamente.

Na **forma direta**, a compra acontece por meio de corretoras que atuam nos Estados Unidos, ou seja, são corretoras que estão no Brasil; você abre sua conta por aqui, mas ela dá acesso a essas compras lá fora. Há muitas opções para você escolher, então vale estudá-las. Elas são especialmente boas para quem não acredita que domina tanto o inglês, porém, lembre-se de que você vai precisar estudar o cenário e entender a língua para traçar a sua estratégia.

Além disso, algumas possuem a vantagem de operar com real e fazer internamente o câmbio para dólar. Você transfere diretamente da sua conta corrente nacional, e a corretora fica responsável pelo processo daí em diante. Sua estratégia deve levar em consideração o cálculo de todas as taxas, como IOF e tipo de operação. Outra vantagem é que as corretoras facilitam o relatório de imposto de renda, já que entregam o documento com o câmbio calculado e as taxas pagas já descritas.[41]

Na **forma indireta**, a compra ocorre por meio de ***Brazilian Depositary Receipts*** (BDRS), vendidos na própria B3. São títulos imobiliários lastreados pelas empresas que estão nos REITS cuja guarda fica sob controle de uma instituição financeira. Ou seja, você não compra a ação em si, que é real e está listada na bolsa estrangeira, mas um certificado dela disponível aqui no Brasil. Essa negociação toda, assim como os fundos imobiliários, é supervisionada pela Comissão de Valores Mobiliários (CVM).

Há dois tipos principais de BDRS: os abertos pelas próprias empresas interessadas em expandir seus títulos para outros países e os abertos por instituições que não necessariamente possuem conexão direta com a empresa, mas oferecem ações dela no país.[42] Geralmente, os BDRS

---

41. Fonte: https://www.idinheiro.com.br/investimentos/corretoras-para-investir-no-exterior/.
42. Fonte: https://www.infomoney.com.br/guias/bdr-brazilian-depositary-receipts/.

oferecem acesso ao mercado estrangeiro de forma mais barata, já que todo o processo é feito em reais. Contudo, ainda que pareçam uma forma mais simplificada de diversificar seus investimentos, os BDRs também devem passar por uma longa avaliação de retorno, custos, estabilidade. Além disso, deve-se verificar se eles se encaixam na sua estratégia.

Agora, vamos aos pontos mais importantes para avaliação dos REITS, considerando os que tratamos anteriormente. Por causa da oportunidade e da forma de expansão dos REITS — por meio de investimento em reformas, por exemplo —, é importante compreender qual é a situação de crédito de uma empresa. Quanto melhor o crédito, mais segura, forte e estruturada ela é, além de apresentar as melhores perspectivas de crescimento e desenvolvimento no futuro. Como sempre, recomendo que você analise o mercado como um todo — afinal, o mesmo país que oferece ótimas linhas de crédito a juros baixos também é o país que enfrentou crises econômicas severas, como a de 2008, quando ocorreu o estouro da bolha imobiliária.

O **Funds from Operations** (FFO) é o índice que mostra a performance das operações de um REITS, ou seja, comprova o crescimento ou atesta uma queda. Esse dado é calculado utilizando o lucro real das empresas que compõem os REITS, e não o lucro tributado que serve como valor de base para o cálculo de partilha dos dividendos. O FFO é o lucro líquido somado à amortização e à depreciação, com a subtração dos ganhos de vendas de imóveis.

Por que somamos os três primeiros ativos? Acontece que, como vimos, há muitas isenções fiscais para os REITS, inclusive a dedução de despesas geradas pelas propriedades, então é necessário somar o lucro aos valores dessas reduções. Agora, falando sobre a venda de imóveis, não é algo comum de acontecer, afinal, mesmo aqui no Brasil, é raro que um fundo venda um ativo — a compra de um ativo, por outro lado, é bem mais frequente. O objetivo de um fundo é o crescimento e a valorização constante de seus ativos, portanto, há investimento e cuidado para que o bem se torne um produto cada vez melhor e mais visado. Por outro lado, se em alguma situação isso acontecer, o ganho não é visto como lucro. Como isso não é uma constante, não pode ser usado no FFO, que é um índice de recorrência.[43] Contudo, o FFO é um índice a ser considerado quando você estiver buscando um REIT para investir. Outro número que deve ser conhecido por você nesse caso, mesmo que não seja tão explícito em relatórios ou no cálculo do FFO, é o de *aumento do aluguel*, porque a partir dele é possível saber se a lucratividade também deve aumentar, caso os gastos não estejam passando por momentos de exceção, como em grandes obras.

Os REITS representam a oportunidade de investir no exterior com toda a regulamentação bem definida pelo CVM, o que torna o processo seguro e permite que você diversifique sua carteira apoiado em uma

---

43. Fonte: aula da professora Aline Barbosa no curso ONTC.

moeda e uma economia mais seguras. Para quem já tem fundos imobiliários, os REITs fazem todo sentido dentro da estratégi. No entanto, é importante notar que não são excludentes, como também não é obrigatório que você expanda seus investimentos para o exterior.

CHEGAMOS AO FIM

Este é o último capítulo do livro, mas espero de coração que seja apenas o início da sua trajetória com fundos imobiliários. Tenho muito orgulho toda vez que vejo aumentar o número de pessoas investindo nesse mercado, porque sei que, de alguma maneira, contribuí para esse crescimento por meio do conteúdo que produzo.

Quando comecei a investir, eu achava que isso seria uma oportunidade de renda extra, mas nunca pensei que os fundos se tornariam tão significativos em minha vida, proporcionando tantas possibilidades. Há oito anos, essa era uma terra árida, com poucos interessados, pouca informação e quase nada de diversidade. É gratificante ver o quanto avançamos, mesmo sabendo que o caminho para se aproximar de mercados desenvolvidos como o dos Estados Unidos é longo. Isso só reforça meu convite para você se juntar quanto antes à nossa comunidade — afinal, quem começa a surfar no início da onda se dá muito melhor do que quem tenta entrar direto no tubo.

Posso falar disso com propriedade, porque passei cinco anos investindo antes de ter um retorno de dividendos que equivalia a um salário mínimo. Antes disso, era muita dedicação para quase nenhum retorno. Por que não desisti? Porque eu acreditava que aquilo cresceria. Eu me conheço, portanto, sempre soube que eu seria persistente, dedicado e paciente. E o retorno veio. Quando as pessoas falam que sentiram vontade de desistir, eu entendo completamente. Esse é um esforço para aumentar seu patrimônio no longo prazo e realizar os seus sonhos no futuro. Tendo em vista que o tempo é um aliado, não se permita desistir nem desanimar. O segredo é continuar, estudar, se especializar e encarar os desafios de forma racional. Até 2023, quando publiquei esse livro, gastei mais de 10 mil reais anualmente em cursos de aperfeiçoamento na área. Hoje, sinto que sou um investidor mais forte e preparado para qualquer situação de mercado graças a isso. Essa mentalidade me permite investir mensalmente mais de 20 mil reais sem ter medo de perder dinheiro.

Não existe vida longa nos investimentos se você não se especializar nem trabalhar em si mesmo. Ouço de muitas pessoas que elas não têm tempo para isso. Eu respeito muito as escolhas individuais e não acho que preciso convencer ninguém a guardar e investir dinheiro, ainda que devesse ser uma coisa básica nas nossas vidas; porém, com a falta de educação financeira no nosso sistema educacional, entendo que este ainda seja um desafio muito grande para o país. Por outro lado, gosto de lembrar que passamos muito tempo atualmente nas redes sociais, algo que não nos traz nenhum retorno. Por que não trocar esse tempo por um estudo, algo que poderia mudar a sua vida? Passamos tempo no trânsito, nos transportes públicos, na frente da tv. E se você conseguisse organizar esse tempo para torná-lo mais produtivo e lucrativo? Saia do discurso da falta de tempo e experimente delimitar horários de estudo.

Outra coisa que acho importante ressaltar quanto à falta de aprendizado sobre vida financeira é a responsabilidade que nós carregamos. Com acesso a cada vez mais informações e com a facilidade que a tecnologia nos proporciona para investir, não podemos deixar outras pessoas na ignorância. Cabe a nós cobrar das autoridades mais atenção para esse tema e repassar a quem está ao nosso redor e às outras gerações a importância da gestão financeira pessoal. Isso pode vir por meio de explicações e falas, mas acontece principalmente pelo exemplo. Eu aprendi na minha casa que o controle dos gastos era primordial, tanto que nunca vi meus pais se envolvendo em enormes dívidas pelo descontrole das contas. Se eu tiver filhos um dia, é exatamente o modelo que pretendo seguir; porém, essa lição vai ser apenas o começo, porque quero mostrar que não basta guardar, é preciso investir pensando no futuro.

Comecei a escrever este livro porque cheguei à conclusão de que o conhecimento sobre fundos imobiliários precisa chegar a mais lugares e alcançar mais pessoas. Reconheço que somos um país com muitas questões sociais e pouca educação financeira, ou seja, há questões anteriores a serem resolvidas. No entanto, a ideia de alguém poder se planejar e ter um rendimento mensal que ajude a realizar sonhos, pagar projetos importantes e até se aposentar com conforto ou dar mais tranquilidade para a família é o que me motiva.

Tentei várias alternativas antes de chegar aos fundos imobiliários, e foi essa experiência que me fez entender onde eu deveria concentrar meus esforços. Essa é uma decisão que precisa estar bem resolvida na sua cabeça, porque investir (seja em qual área for) exige comprometimento e dedicação. Evite cair em ilusões ou discursos que muita gente na internet tenta vender. *Você não vai ficar milionário de repente*, mas pode fazer seu dinheiro trabalhar por você, se multiplicar, e, consequentemente, ver sua renda crescer. Quanto maior seu compromisso, mais dinheiro vai juntar e em menos tempo.

Se você chegou até aqui, significa que completou a jornada pelos conhecimentos mais básicos até as atividades práticas que lhe darão coragem para transformar o desejo de investir em realidade. Sugiro que use este livro como base para sua vida de investidor. Ele pode ficar ao seu lado para consultas de termos, acompanhamento de tendências e reforço de fundamentos quando uma decisão parecer difícil.

Momentos complicados podem surgir, mas isso não quer dizer que você falhou ou não aprendeu nada. Ser investidor é uma construção e exige se habituar ao mercado. Quanto mais você pratica, mais hábil você será – isso serve para qualquer área da vida. Se precisar de um estímulo, volte à introdução e lembre-se do motivo que levou você a investir. Por que você deseja que esses investimentos deem certo? Podemos estar vivendo tempos incertos na economia, mas o bom estrategista sabe encontrar o melhor caminho.

Quando o assunto é fundos imobiliários, sempre há uma solução — afinal, se tem uma coisa da qual sempre vamos precisar é de construções. Shopping está em baixa? Tente galpões. Não é um bom momento para galpões? Que tal prédios comerciais? E que tal ser pioneiro e investir em fundos inovadores que ainda vão aparecer? Existem alternativas. Várias. Elas só precisam ser vistas. Para isso, seus olhos precisam estar treinados e alertas. Se for assim, nada vai escapar deles. Mais do que isso, você precisa acreditar que é capaz, acreditar no seu projeto, acreditar que a vida com a qual você sonha é possível. Persista, porque vai valer a pena. Trabalhe a sua mentalidade.

Você vai ouvir muitas vezes a expressão "*mindset* do investidor". É algo difundido, mas muitas vezes de forma incorreta. O investidor não se arrisca sem uma estratégia, nem acredita que ficará rico da noite para o dia; ele precisa ter os pés no chão, entendendo que investimento é algo de longo prazo, é construção — a não ser que você ganhe na loteria, mas sabemos que quanto a isso a probabilidade é baixa. Na minha opinião, o *mindset* do investidor entende que é possível o ganho real, mas que isso demanda esforço. Se você consegue colocar uma parcela mensal nesse projeto, mesmo que pequena, você já entendeu o que eu quero dizer com o *mindset*. É constância, é trabalho regular, sem atalhos.

Dá para viver de renda? Sim, mas você vai precisar trabalhar muito por isso antes. Ademais, eu sempre falo que você deve ser o primeiro a acreditar no seu projeto. Se você duvidar da sua capacidade de construir sua liberdade financeira, quem vai impulsionar você? Essa força de vontade só vem de dentro. Faça os cálculos, crie a estratégia, dedique tempo e, acima de tudo, acredite em você mesmo e nas possibilidades de futuro que você pode construir com seu conhecimento, empenho e tempo.

O projeto que começar ou se fortalecer com este livro vai mudar sua vida. Não digo isso na tentativa de vender uma realidade impossível, mas por experiência própria. Sou um médico que virou investidor de forma autodidata e que não imaginava aonde poderia chegar. Eu só sabia que estabilidade financeira mudaria tudo para melhor. Poder realizar sonhos, tomar decisões sem medo... Isso é o que me motiva. Em outras palavras, ter liberdade financeira deve ser o objetivo de todo mundo, mesmo que ela não nos leve ao mesmo destino.

Lembre-se de que os primeiros 12 meses são os mais difíceis. Nesse período, quando estiver vivendo a adaptação, vai estar inseguro, como se estivesse pisando em área movediça. Não deixe que a insegurança tome conta, muito mesmo a desesperança ou a frustração, caso o processo seja mais lento do que você imaginava inicialmente. Ao mesmo tempo, tenha em mente que esses 12 meses são cruciais para estabelecer a base do futuro. Se você passar pelas dificuldades que vão aparecer nesse período, você será um investidor mais seguro de si. A vida de investidor terá se consolidado como um hábito, com toda a rotina necessária para acompanhar. Quem ultrapassa essa barreira começa a ver os resultados e a colher os frutos.

Lá no início do livro, falei que queria mostrar que a bolsa não é reservada a um grupo seleto, mas é para todos. E, apesar do conhecimento específico, existe um mito de que só pode fazer parte dela quem já tem muito dinheiro. Isso não é verdade. Você já sabe que, com cotas a partir de 10 reais, é possível ser um investidor da bolsa. Você também sabe que deve diversificar seus investimentos e separar uma quantia mensal do seu rendimento para fazer crescer seu patrimônio. Aprendeu que pode, se quiser, expandir seus investimentos para o exterior. Sabe também que é responsável por sua estratégia, então cabe a você revê-la de tempos em tempos e se adaptar sempre que necessário. O que importa é que você já tem as ferramentas de que precisa para construir seu patrimônio. Agora é com você. Vá em frente. Se sentir que necessita de ajuda, não se esqueça dos grupos e das comunidades de investidores, que podem trocar informações e ampliar sua visão sobre o tema. Não se preocupe. Se você fez todo o processo com dedicação, vai se sair bem.

Há alguns meses, eu fiz uma enquete no meu Instagram, perguntando para os seguidores há quanto tempo eles investiam em fundos e qual era o valor médio dos dividendos mensais recebidos por eles. As respostas me encantaram e fez muita gente questionar a veracidade das informações. Como eu sabia quem tinha dado as respostas, pedi que eles explicassem mais profundamente seus resultados.

Um motorista de Uber estava há três anos investindo em FIIs e recebia cerca de 700 reais por mês de dividendos. Nesse período, ele aportou mensalmente de 1000 a 2000 reais por mês, além de reinvestir dividendos.

Um professor juntou 40 mil reais e aportou. Além disso, mensalmente investia mais 1500 reais em sua carteira de ativos. Em 9 meses, estava recebendo 650 reais de dividendos.

Um motoboy que estava há 2 anos investindo ganhava 280 reais em dividendos.

São realidades diferentes, mas todas cabem no mercado de fundos imobiliários, pois todas mostram que é possível se beneficiar do que ele oferece. Esta é a parte mais mágica do universo que você está entrando: as possibilidades são muitas, e não existe um valor baixo demais para investir. É um caminho de crescimento que envolve aumentar, mesmo que aos poucos, o valor do seu aporte. De qualquer forma, com 200 ou 2000 reais por mês, o resultado vem.

As pessoas que apareceram duvidando simplesmente não tinham nenhum conhecimento sobre fundos imobiliários nem conheciam os detalhes das histórias de quem compartilhou seus rendimentos. O que eu percebo é que existe uma resistência em acreditar que é possível ganhar dinheiro passivamente, de forma totalmente independente do seu trabalho no dia a dia. Isso acontece porque nós não recebemos nenhuma informação sobre finanças durante nossa educação. Ao menos não oficialmente, ou seja, na escola ninguém fala sobre o assunto. Quando você começa a trabalhar, não entende nada de impostos nem sabe como declará-los. Investir é um assunto ainda mais distante. Por isso, não culpo ninguém por não entender como os FIIS funcionam. Informação mudaria tudo... Aliás, educação vai mudar tudo. Esse é um dos meus incentivos sempre: pensar que a vida das pessoas e de suas famílias pode mudar se elas dedicarem um pouco de tempo a entender como funciona o mercado de fundos imobiliários.

Quero ser o mentor que não tive e, por isso, sigo produzindo conteúdo e relatórios para além deste livro. Nas minhas redes sociais, você pode acompanhar todos os dias levantamentos dos preços de fundos, avaliações de notícias da área, recomendações de estratégias e, claro, o desenvolvimento da minha carteira pública que vai chegar a 1 milhão de reais investidos em fundos imobiliários.

Também forneço materiais, como planilhas, para facilitar a sua rotina como investidor. Esses espaços são para que a nossa troca extrapole estas páginas e se consolide. A comunidade que estamos criando é forte e potente. Tenho certeza de que ela trará frutos para todos nós, que sonhamos com a liberdade financeira e acreditamos que ela é possível por meio do planejamento financeiro, da economia e do investimento inteligente em uma carteira diversificada e sólida em fundos imobiliários.

Quero agradecer pela paciência e pelo nosso tempo juntos. Espero que você esteja entusiasmado com essa nova fase da sua vida e que tenha encontrado neste livro muitas respostas, deixando poucas dúvidas. Da minha parte, sei que a energia de mudança já está em movimento e que ela renderá frutos. Nunca imaginei que escreveria um livro, que criaria um método autoral de investimento em fundos imobiliários nem que daria cursos sobre o tema. E, ainda assim, parece que esse sempre foi o meu lugar, me sinto muito satisfeito com o que foi construído. Devo isso, em grande parte, a vocês, que sentem interesse em estudar algo diferente, que não se acomodam em suas vidas e que querem sempre buscar mais. Nunca imaginei que seria tão legal levar para tanta gente informação e conhecimento desmistificado, que devolvem a cada um de nós o direito – e o dever de controlarmos nosso dinheiro – nunca mais você vai poder culpar alguém por suas falhas, mas também vai celebrar demais cada conquista, porque ela será 100% sua.

Fico feliz que você seja mais um a fazer parte dessa rede criada ao longo dos últimos anos. Meu desejo mais sincero é que ela continue a crescer e abrace cada vez mais pessoas interessadas em mudar de vida. Espalhe o conhecimento, conte comigo e nem pense em desistir. Mais uma vez, obrigado e bons investimentos!

SIGA A GENTE NAS REDES

📷 Instagram: **@gabrielportofiis**

▶ Youtube: **@gabrielportofiis**

🌐 **gabrielportofiis.com**

Esta obra foi composta por Maquinaria Editorial
nas famílias tipográficas Aktiv Grotesk e FreightText Pro.
Impresso pela gráfica Viena em julho de 2023.